Adipositas

Fortschritte der Psychotherapie
Manuale für die Praxis
herausgegeben von
Prof. Dr. Dietmar Schulte, Prof. Dr. Klaus Grawe
Prof. Dr. Kurt Hahlweg, Prof. Dr. Dieter Vaitl

Band 19

Adipositas

von

Volker Pudel

Hogrefe · Verlag für Psychologie
Göttingen · Bern · Toronto · Seattle

Adipositas

von

Volker Pudel

Hogrefe · Verlag für Psychologie
Göttingen · Bern · Toronto · Seattle

Prof. Dr. Volker Pudel, geb. 1944. 1965-1970 Studium der Psychologie in Göttingen. 1972 Promotion. 1976 Habilitation. 1982 Ernennung zum apl. Professor. Seit 1970 Leiter der Ernährungspsychologischen Forschungsstelle im Zentrum Psychosoziale Medizin in Göttingen. Arbeits- und Forschungsschwerpunkte: Klinische und experimentelle Fragen des menschlichen Ernährungsverhaltens, Grundlagen und Therapiemöglichkeiten der Adipositas, Magersucht und Bulimia nervosa, Konzeption von präventiven Kampagnen (Vierjahreszeiten-Kur, PfundsKur, Slimnet).

Bibliografische Information Der Deutschen Bibliothek

Die Deutsche Bibliothek verzeichnet diese Publikation in der Deutschen Nationalbibliografie; detaillierte bibliografische Daten sind im Internet über http://dnb.ddb.de abrufbar.

Rohnsweg 25, D-37085 Göttingen

http://www.hogrefe.de
Aktuelle Informationen • Weitere Titel zum Thema • Ergänzende Materialien

---

Satz: Beate Hautsch, Göttingen
Druck: Schlütersche Druck GmbH & Co. KG
Printed in Germany
Auf säurefreiem Papier gedruckt

ISBN 3-8017-1392-X

Inhaltsverzeichnis

Vorbemerkung

William Bennett schrieb schon 1995 im New England Journal of Medicine, dass mit dem ewigen Moralisieren endlich Schluss sein sollte, weil es dem Adipösen nicht helfe, zumal es auch für die Theorie vom Vielfraß keine wissenschaftliche Evidenz gebe.

Dennoch, so schrieb ich im Bundesgesundheitsblatt, blieb die Adipositas das ungeliebte Kind, das weder Ärzte noch Psychologen, weder Krankenkassen noch die Gesellschaft mögen (Pudel, 2001). Adipositas ist eine Krankheit mit sehr hoher Prävalenz. Die Bedeutung der Adipositas für das Gesundheitssystem ist unbestritten. Direkte und indirekte Kosten werden auf bis zu 20 Milliarden €/Jahr (6 bis 8% der Gesamtkosten) geschätzt.

Und dennoch ist Adipositas in Deutschland eigentlich gar keine Krankheit, denn für deren Behandlung kommen die Kassen nicht auf. So unlogisch es ist, die Ursache von Krankheiten selbst nicht als Krankheit „zuzulassen“ – so unlogisch sind viele Phänomene, die sich um Adipositas ranken.

Willensschwäche und andere Charakterschwächen dienten als Erklärung der maßlosen Esslust. Die übergewichtigen Patienten selbst entschuldigten ihr Gewicht mit Erbanlagen, Drüsenstörungen, schweren Knochen und guter Futterverwertung. Schließlich esse und trinke man wenig. Das, bitte, solle man ihnen doch glauben. 40 Jahre glaubte ihnen keiner. Die Historie der Adipositastherapie ist ein Beispiel von Irrtümern, die nur begangen wurden, weil sie so plausibel waren.

Kaum eine Krankheit wird mit so unwirksamen und manchmal sogar kontraindizierten Mitteln und Methoden „behandelt“ wie die Adipositas. Allerdings muss auch vermerkt werden, dass es nur wenig geprüfte und evaluierte Behandlungskonzepte gibt. Deren Therapieerfolge geben noch keinen Grund für übertriebenen therapeutischen Optimismus, zeigen aber sinnvolle Wege auf und belegen, dass die chronische Krankheit Adipositas langfristig behandelt werden muss.

In diesem Buch sind die wesentlichen Grundlagen für eine verhaltenstherapeutische Intervention zusammengestellt.

1 Beschreibung der Störung

Ist Adipositas überhaupt eine „Störung" oder die „evolutionsbiologische Normalvariante"

Nichts bei der Adipositas ist so einfach wie die Beschreibung der „Störung", obwohl nicht einmal klar ist, ob es sich um eine „Störung" oder die „biologisch gemeinte Normalvariante" handelt. Dicke Menschen sind ohne jedes diagnostische Instrumentarium auf den ersten Blick zu erkennen. Sie sind nicht nur schwerer, sondern auch „ausladend", und allein das stellt ein psychosoziales Problem für sie da. Adipöse leben in einer Gesellschaft, die seit ca. 40 Jahren – beginnend mit Twiggy – ein extremes Schlankheitsideal zur „attraktiven Norm" erhoben hat, an dem auch die Wissenschaft mit der Propagierung des „Idealgewichts" in den 70er Jahren nicht ganz unschuldig war.

Da jede Überschreitung der Schlankheitsnorm von anderen Personen wahrgenommen wird, existieren in der öffentlichen Meinung zahllose Urteile und Vorurteile, um sich das „Phänomen Übergewicht" zu erklären. Zumeist sind dies Schuldzuweisungen an die Übergewichtigen, deren „maßloser Appetit" und „Willensschwäche" als Ursachen angesehen werden.

So leidet der Adipöse zweifach, nämlich direkt unter der Last seiner Fettpolster als Risikofaktor für seine Gesundheit und indirekt unter dem öffentlichen Vorwurf, daran selbst die Schuld zu tragen.

Das „geniale Fettspeicherprogramm" hat die Menschheit überleben lassen

Andererseits ist das „geniale Fettspeicherprogramm" der Evolutionsbiologie die Rückversicherung gewesen, die Menschen auch in Notzeiten hat überleben lassen. Adipositas wurde erst zu einer gesundheitlichen Störung, als sich die knappen Nahrungsressourcen in überbordende Supermärkte verwandelt haben, und die Notwendigkeit entfiel, durch abgespeicherte Energievorräte einen Nahrungsengpass überbrücken zu müssen.

So erscheint die Störung „Adipositas" als evolutionsbiologisch angelegte Überlebenstrategie, die sich allerdings unter Überflussbedingungen gegen die Gesundheit des Menschen entwickelt.

1.1 Bezeichnung

Adipositas bezeichnet die überdurchschnittlich hohe Fettansammlung

Übergewicht und Adipositas, gelegentlich auch (immer noch) Fettsucht, sind die Begriffe, um das erhöhte Körpergewicht eines Menschen zu benennen. Dabei ist jedoch primär nicht das Gewicht, sondern die Fettansammlung gemeint, die das Übergewicht bedingt. So sind Leistungssportler mit ausgeprägten Muskelmassen sehr wohl übergewichtig, nicht aber adipös. Der Begriff „Fettsucht" sollte nicht mehr verwendet werden, denn Adipositas erfüllt nicht die Kriterien einer Sucht.

Da der Entstehung der Adipositas grundsätzlich keine psychopathologischen Faktoren zugeordnet werden können, gilt Adipositas nicht als Ess-Störung und ist darum in das DSM-IV (Diagnostic and Statistical Manual for Mental Disorders) auch nicht aufgenommen worden.

Adipositas ist keine Ess-Störung nach DSM-IV

„Adipositas und sonstige Überernährung" werden dagegen unter E65 bis E68 in Kapitel IV der ICD-10 (Internationale Statistische Klassifikation der Krankheiten und verwandter Gesundheitsprobleme, 10. Revision) aufgeführt.

Klassifikation nach ICD-10	
Speziell *E66* nennt die *Adipositas* mit den Subkategorien	
E66.0	*Adipositas durch übermäßige Kalorienzufuhr* exklusive: Dystrophia adipossogenitalis (E23.6) Lipomatose o.n.A. (E88.2) Lipomatosis dolorosa [Dercum-Krankheit] (E88.2) Prader-Willi-Syndrom (Q87.1)
E66.1	*Arzneimittelindizierte Adipositas*
E66.2	*Übermäßige Adipositas mit alveolärer Hypoventilation* (Pickwick-Syndrom)
E66.8	*Sonstige Adipositas* Krankhafte Adipositas
E66.9	*Adipositas, nicht näher bezeichnet* Einfache Adipositas o.n.A.

1.2 Definition

Zur Klassifikation des Körpergewichts hat sich inzwischen der Body Mass Index (BMI) international durchgesetzt und den früher üblichen BROCA-Index abgelöst. Der BROCA-Index definiert als Normalgewicht den Betrag in Kilogramm, den die Körpergröße einen Meter übersteigt. Damit kam es zu Fehleinschätzungen bei sehr kleinen, aber auch großen Menschen, zudem wurde das Normalgewicht scheinbar exakt auf ein Kilogramm festgeschrieben.

Der Broca-Index ist veraltert und wird durch den Body Mass Index (BMI) ersetzt

Der BMI dagegen modifiziert die Körperhöhe, in dem sie ins Quadrat gesetzt wird, und seine Bewertung erfolgt in größeren Intervallen.

$$\text{BMI} = \text{kg/cm}^2$$

Die Deutsche Adipositas-Gesellschaft (DAG) hat für die Bewertung des BMI folgende Intervalle festgelegt, die inzwischen auch international üblich sind:

Tabelle 1: Bewertung des Body Mass Index

BMI	Bewertung
unter 18.5	Untergewicht
18.5 – 24.9	Normalgewicht
25.0 – 29.9	Übergewicht
30.0 – 34.9	Adipositas Grad I
35.0 – 39.9	Adipositas Grad II
über 40.0	Adipositas Grad III

Das Normalgewicht nach BMI wird subjektiv häufig als Übergewicht empfunden

Bei der Adipositas beinhaltet die Bewertung des BMI zugleich eine Therapieempfehlung. BMI < 25 gilt als Normalgewicht und rechtfertigt keine Maßnahmen zur Gewichtsreduktion, obschon diese von Patienten durchaus oft gewünscht werden. Das gesellschaftlich präferierte Körpergewicht ist nämlich, insbesondere das von Frauen, bei einem BMI um 18 angesiedelt (vgl. Models wie z. B. Claudia Schiffer).

Erst ein BMI zwischen 25 und 30, verbunden mit gewichtsabhängigen Risikofaktoren, stellt eine Indikation zur Gewichtsabnahme dar. Zu solchen Risikofaktoren zählen Diabetes mellitus Typ 2, Hypertonie, Hyperlipidämien oder auch ein erheblicher psychosozialer Leidensdruck sowie ein androides Fettverteilungsmuster (Quotient aus Taillen- und Hüftumfang; waist/hip ratio = WHR).

WHR = Umfang Taille in cm/Umfang Hüfte in cm
– Messort des Taillenumfangs: Mitte zwischen Rippenbogen und Beckenkamm. – Messort Hüftumfang: in Höhe Trochanter major. – Die Messungen erfolgen am stehenden Patienten.

Adipositas Grad III kann chirurgische Intervention erfordern

WHR > 0.85 bei Frauen und WHR > 1.0 bei Männern beschreibt die androide Fettverteilung mit erhöhtem kardiovaskulärem Risiko. Übersteigt der BMI die Zahl 30, besteht in jedem Fall eine unbedingte Indikation zur Therapie. Ab BMI > 40 sollte, so die Fachgesellschaft DAG, auch über chirurgische Interventionen (z. B. Magenband: Gastric Banding) nachgedacht werden.

In den letzten Jahren wurde auch als einfaches Maß zur Indikation der Bauchumfang vorgeschlagen. Übersteigt das Umfangsmaß einen Meter, besteht ebenfalls unbedingte Indikation zur Therapie.

1.3 Epidemiologische Daten

Die Prävalenz des Übergewichts hat in den letzten 50 Jahren kontinuierlich zugenommen. Die Entwicklung des Übergewicht ist zudem stark altersabhängig. Ein eindeutiger geschlechtsspezifischer Einfluss ist grundsätzlich nicht zu erkennen, da die Prävalenzraten nach Alter und Geschlecht variieren. Tendenziell ist die Prävalenzrate jedoch bei Frauen in der zweiten Lebenshälfte eher höher.

20% der Erwachsenen und 5% der Kinder sind behandlungsbedürftig adipös

Nach einer Untersuchung des Bundesgesundheitsamtes (1994) ist davon auszugehen, dass über 15 Millionen Menschen in Deutschland bei einem BMI > 30 liegen (BGA, 1994). Neuere Erhebungen bei Kindern und Jugendlichen, wie im Ernährungsbericht 2000 der Deutschen Gesellschaft für Ernährung dargestellt, kommen zu der Feststellung, dass etwa 20% übergewichtig und etwa 5% adipös sind.

Tabelle 2:
Prävalenz der Adipositas (BMI > 30 kg/m²) in Prozent nach Erhebungen der MONICA-Studie in Augsburg und Umgebung.

Altersgruppe	Männer (n=1.942)	Frauen (n=1.951)
24–34	8,2	7,0
35–44	15,5	12,1
45–54	20,0	21,2
55–64	22,7	32,0
65–74	24,3	30,9

Nach diesen Erhebungen kann davon ausgegangen werden, dass Übergewicht und Adipositas zu den Gesundheitsstörungen mit der höchsten Prävalenz zu rechnen sind.

1.4 Verlauf und Prognose

Die Prävalenzrate für Übergewicht steigt eindeutig mit dem Alter an

„Statistisch betrachtet", so beschrieb treffend ein Journalist, „ist Übergewicht eine Altersschwäche". In der Tat entwickelt sich die Gewichtszunahme zur Adipositas innerhalb der individuellen Lebensspanne. Dieser Prozess ist ein langsames Fortschreiten, ohne dass er von den Betroffenen zunächst bewusst wahrgenommen wird. Die deutsche Bevölkerung, wie andere westliche Industrienationen auch, nimmt im Durchschnitt von Jahr zu Jahr zu. Immer mehr Kinder sind bereits übergewichtig und wachsen zu adipösen Erwachsenen heran. Definitive Gewichtszunahmen von 0,5 kg im Monat können wegen aktueller Gewichtsschwankungen kaum sicher bemerkt werden, resultieren aber in relevanten Gewichtszunahmen von 6 kg pro Jahr.

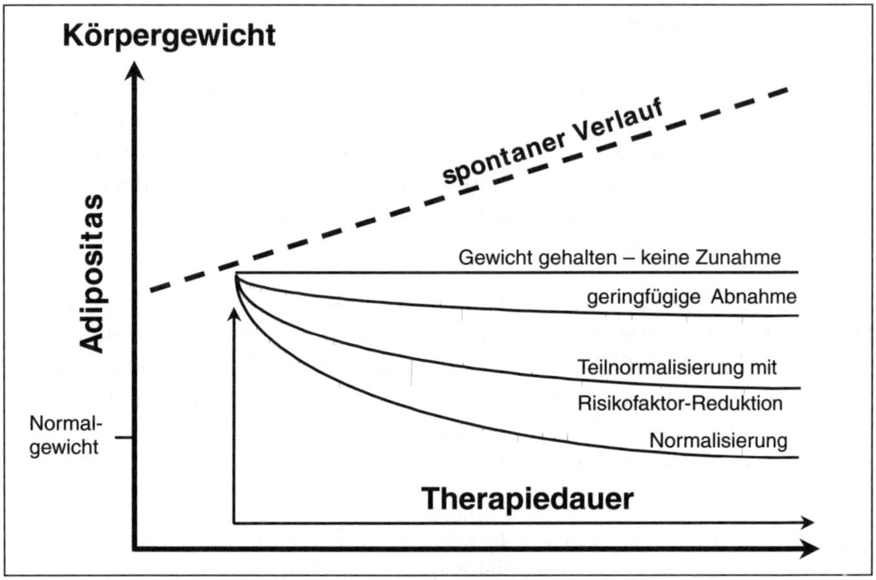

Abbildung 1:
Spontanverlauf einer Gewichtszunahme und mögliche Ergebnisse einer Therapie (nach Rössner, 1992)

Neue Erfolgskriterien berücksichtigen einen therapeutischen Realismus

Die Grafik von Rössner (1992) symbolisiert den Spontanverlauf der Gewichtszunahme und macht deutlich, dass eine Gewichtsstabilisierung bereits als Erfolg zu bewerten wäre, auch wenn dies Patienten wenig motivieren und zufriedenstellen würde. So ist auch das neue Erfolgskriterium des Massachusetts Institute of Technology für die Adipositastherapie nur verständlich, wenn der Spontanverlauf mitbedacht wird. Die zehn Experten des MIT haben einen Gewichtsverlust von 5% unter Ausgangsgewicht als Therapieerfolg definiert, wenn dieser über mindestens ein Jahr stabilisiert werden kann. Über die langfristige Prognose nach einer Therapie sind kaum verlässliche Daten verfügbar, da die Beobachtungszeiträume zumeist zu kurz sind. Für das interdisziplinäre, sechsmonatige Optifast-Programm wurde dieses Erfolgskriterium von 5% unter Ausgangsgewicht nach 3,5 Jahren bei 58% der Patienten realisiert (Olschewski et al., 1997).

Nicht Gewichtsabnahme, sondern Gewichtsstabilisierung ist das Erfolgskriterium

Erschwerend kommt hinzu, dass sich erst in den letzten Jahren durchgesetzt hat, den Erfolg der Adipositastherapie an der langfristigen Gewichtsstabilisierung zu messen. Die Gewichtsabnahme alleine kann nicht mehr als Erfolgskriterium dienen, da gerade Maßnahmen, die eine schnelle Gewichtsabnahme erzwingen (z. B. Null-Diät), häufig zu einer anschließenden Wiederzunahme führen – sogar über das Ausgangsgewicht hinaus (Jojo-Phänomen).

Die Verlaufsentwicklung des Körpergewichts in der Gesellschaft, aber auch individuelle Erhebungen weisen darauf hin, dass der Prozess der Gewichtszunahme kontinuierlich verläuft. Da die Wahrscheinlichkeit einer langfristigen Gewichtszunahme im Einzelfall höher ist als die Wahrscheinlichkeit einer Stabilisierung oder gar einer spontanen Gewichtsabnahme, kommt der Therapie von Übergewicht und Adipositas ein zwingender Stellenwert zu.

Adipositas kürzt die Lebenserwartung und erhöht die Morbidität

Epidemiologische Studien weisen die Adipositas als Risikofaktor aus, der zu erhöhter Morbidität (siehe Kap. 1.6) und Mortalität beiträgt. Die Untersuchungen zur Mortalitätsstatistik sind jahrelang kritisch diskutiert worden, da etwa 40% der Studien keine erhöhte Sterblichkeitsrate für Adipöse auffinden konnten. Erst nach einer großen Meta-Analyse mit 40 Studien konnte Sjöström (1995) klären, dass Beziehungen zwischen Mortalität und Übergewicht nur dann nachweisbar sind, wenn die Untersuchungskollektive mehr als 20.000 Personen umfassen, länger als fünf Jahre durchgeführt und/oder Personen einbezogen werden, die älter als 40 Jahre sind. Genau diese Kriterien erfüllten jene Studien nicht, die einen Zusammenhang zwischen Adipositas und Mortalität nicht bestätigen konnten.

Die große Nurses Health Study, in der etwa 120.000 Krankenschwestern über 16 Jahre beobachtet wurden, belegte, dass eine Gewichtszunahme zwischen 10 bis 20 kg zu einem Anstieg der Gesamtmortalität um 20%, der kardiovaskulären Mortalität um 70% und der KHK-Mortalität (Koronare Herzkrankheiten) um 160% führte.

1.5 Differenzialdiagnose

Es gibt einige genetische Syndrome, die mit Adipositas einhergehen, aber sie sind sehr selten. Zu ihnen gehören das Prader-Willi-Syndrom[1] (Prävalenz 1 : 5.000 bis 10.000) wie auch das Bardet-Biedl-Syndrom[2] (Prävalenz 1 : 20.000). Besondere Ausprägungen von Fingern, Zehen, Genitalorganen oder Tonus der Muskulatur machen eine weitere differenzialdiagnostische Abklärung notwendig. Weitere Informationen finden sich bei Wirth (2000).

1.6 Komorbidität

Patienten empfinden den psychosozialen Leidensdruck stärker

Neben dem erhöhten psychosozialen Leidensdruck, der im Bewusstsein der Patienten zumeist stärker empfunden wird als körperliche Risikofaktoren, sind Adipositas und Übergewicht häufig mit einer Fülle anderer Krankheiten assoziiert, die in der Regel durch eine nachhaltige Gewichtsabnah-

---

[1] 1956 von Prader, Labhart und Wille beschrieben. Genetischer Defekt mit Kleinwuchs und deutlicher Adipositas bereits als Kleinkind. Leichte bis mäßige mentale Retardierung.

[2] 1936 erstmals beschrieben. Syndrom mit mentaler Retardierung, Polydaktylie, Hypogenitalismus und Adipositas.

me gebessert oder gar geheilt werden können. Nach einer Aufstellung von Wirth (2000) sind dies insbesondere:

Kardiovaskuläres System
– Hypertonie – koronare Herzkrankheit – linksventrikuläre Hypertrophie – Herzinsuffizienz – venöse Insuffizienz
Metabolische und hormonelle Funktion
– Diabetes Mellitus Typ 2 – Dyslipidämien – Hyperurikämie
Respiratorisches System
– Schlafapnoe – Pickwick-Syndrom[3]
Gastrointestinales System
– Cholezystolithiasis[4] – Fettleber – Refluxösophagitis
Bewegungsapparat
– Gon- und Koxarthrose – Wirbelsäulensyndrome – Sprungelenksarthrose
Haut
– Intertrigo[5] – Hirsituismus, Striae
Neoplasien
– erhöhtes Risiko für Endometrium-, Zervis-, Prostata- und Gallenblasenkarzinom
Sexualfunktion
– reduzierte Fertilität – Komplikationen bei Geburt und postpartum

[3] Von Charles Dickens erstmals beschriebene Krankheit, die sich in einem imperativen Schlafbedürfnis äußert.

[4] Gallenblasenleiden, Gallensteine.

[5] Hauterkrankung mit intensiven Erosionen in den überhängenden Falten im Bauchraum, Achselhöhlen und Leistenbeugen.

Schließlich ist auf das erhöhte Operationsrisiko, erschwerte Untersuchungsbedingungen und die Wahrscheinlichkeit einer vorzeitigen Berentung hinzuweisen.

1.7 Diagnostische Verfahren und Dokumentationshilfen

Die primäre diagnostische Größe ist der Body Mass Index (BMI), der aus Körperhöhe und Körpergewicht berechnet wird. Bei einem BMI < 30 sollte zusätzlich die Fettverteilung (Taillen-/Hüftumfang) diagnostiziert werden. Darüber hinaus sind Laboruntersuchungen notwendig, um adipositasbedingte Risikofaktoren, wie Diabetes Typ 2, Hypertonie, Hyperlipidämien und Hyperurikämie zu erkennen.

Bei leichtem Übergewicht ist die Fettverteilung ein Risikofaktor

Tabelle 3:
Eingangsdiagnostik der Adipositas

Minimaldiagnostik
– Bestimmung von Größe und Gewicht sowie BMI
– Bestimmung der Fettverteilung
– Folgeerkrankungen (z.B. Arthrose, Herz-Kreislauf-Erkrankungen)
– Blutdruckmessung
– Lipidstatus, Blutglucose, Harnsäure, TSH-basal, Cortisol im Serum oder Urin
– Gewichtsanamnese
– Medikamentenanamnese
– Ernährungsanamnese (Tagebuch über eine Woche)
– Erhebung von Psycho- und Sozialanamnese
– Aktivitätsprotokoll
Optionale Diagnostik
– BIA oder DEXA zur Bestimmung der Körperzusammensetzung
– Oraler Glucosetoleranztest zur Abklärung von Grenzfällen
– HbA_{1c} bei manifestem Diabetes mellitus
– Dexamethason-Hemmtest zum Ausschluss eines Morbus Cushing
– EKG und Belastungs-EKG
– Fragebogen zum Eßverhalten (FEV)

Im Interview kann der psychosoziale Leidensdruck abgeschätzt werden. Es empfiehlt sich, eine Tabelle anzulegen, in der diese Werte eingetragen werden, um Verlaufsveränderungen während der Therapie zu erkennen und zu dokumentieren.

In den letzten Jahren wurden preiswerte „Fettmessgeräte“ vorgestellt, die über bioelektrische Impedanzanalyse (BIA) die Körperzusammensetzung bestimmen lassen. Es wird eine geringe elektrische Wechselspannung angelegt und – je nach Gerätetyp – deren Spannungsabfall über die beiden Füße, einem Fuß bis zum Handgelenk oder zwischen beiden Händen als Widerstand gemessen. Der gemessene Widerstand hängt im Wesentlichen vom Wassergehalt ab, der im Muskelgewebe hoch, im Fettgewebe gering

Die bioelektrische Impedanzanalyse (BIA) ist im Einzelfall oft ungenau

ist. Über Regressionsgleichungen wird aus diesem Wert der jeweilige Anteil an fettfreier Masse und Fettmasse berechnet.

Beachte: Es ist noch nicht ausreichend evaluiert, wie sicher mit der BIA-Methode der Fettanteil bei adipösen Patienten (unter Reduktionsbedingungen) bestimmt werden kann. Da große Tagesschwankungen beobachtet werden, empfiehlt sich, wenn diese Methode überhaupt eingesetzt wird, eine langfristige Messreihe im Wochenabstand zur gleichen Zeit und unter vergleichbaren Bedingungen.
Die in die BIA gesetzten Erwartungen, auf diese einfache Art auch geringe Veränderungen in der Körperzusammensetzung zu dokumentieren, etwa wenn durch Sport Muskeln aufgebaut, aber Fett abgebaut wird, und die Waage keine Gewichtsveränderungen anzeigt, sind gegenwärtig noch nicht erfüllbar.
Allerdings können die BIA-Werte unter den genannten Umständen für Patienten durchaus eine motivierende Funktion erfüllen, und die oft vorherrschende Fixierung auf die Ziffern der Körperwaage abschwächen. Allerdings sollte der Therapeut im Falle von offenbar inkongruenten Resultaten aufklären und so eine Irritation des Patienten vermeiden.

Auf einem Blatt mit Gewichts- und Zeitachse (vgl. Anhang S. 67) sollte der Patient versuchen, den Gewichtsverlauf seines bisherigen Erwachsenenlebens einzuzeichnen (Abbildung 2).

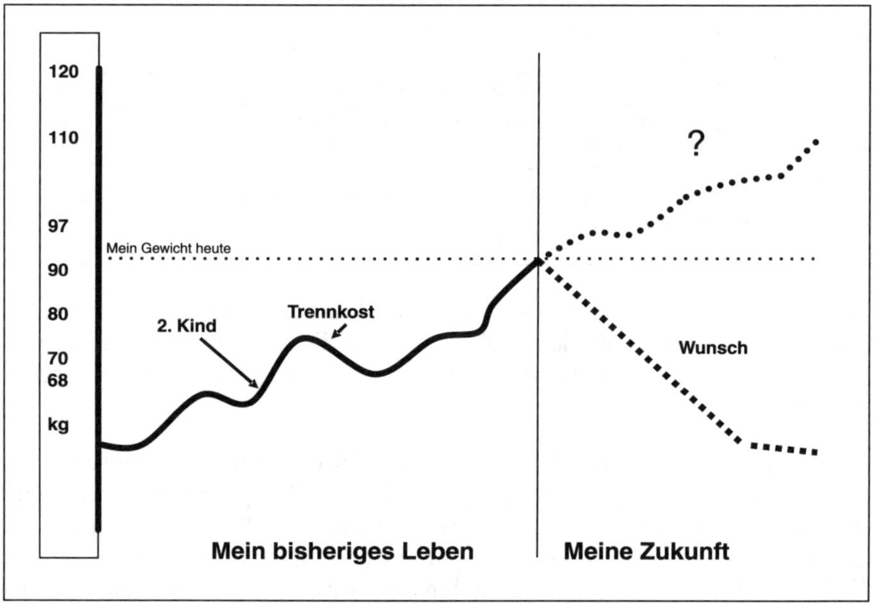

Abbildung 2:
Beispiel für einen Gewichtsverlauf

Bei erkennbaren Schwankungen, sowohl nach unten wie nach oben, sollte er versuchen zu erklären, was die bestimmenden Ereignisse waren, die diese Schwankungen verursacht haben. Das Gespräch über die „Gewichtskurve des Lebens“ bringt Aufschluss über die Lebenssituation, Maßnahmen gegen Gewichtszunahme und deren Erfolg sowie Einstellungen und Vorstellungen über die Ursachen von Übergewicht. Schließlich sollte der Patient seine „Wunschkurve“ einzeichnen, die für die Zukunft erkennen lässt, welche Zielvorstellung er hat.

Die Erfahrungen und Vorstellungen des Patienten sollten eingehend abgefragt werden

Notwendig und sinnvoll, aber mit Aufwand und Problemen verbunden, ist die Verhaltensdiagnose, die erkennen lässt, warum, wann, wie und was die/der Patient/in isst und trinkt. Diese Verhaltensdiagnose muss auch abschätzen lassen, ob neben der Adipositas eine Binge Eating Disorder (BED) als zusätzliche Essstörung vorliegt.

Binge Eating Disorder (BED)
BED ist eine neu in das DSM-IV aufgenommene Essstörung, die Heißhungerattacken beschreibt, ganz ähnlich wie bei der Bulimia nervosa, auf die aber nicht mit kompensatorischem Verhalten (Erbrechen, Diuretika, Laxantien, intensivem Sport) reagiert wird. Die Heißhungerattacken beschreiben „Fressanfälle“, bei denen in kurzer Zeit große Mengen an Nahrung verschlungen werden, wobei auch besonders Nahrungsmittel gewählt werden, die bei kontrolliertem Essverhalten wegen ihres hohen Kalorien- und Fettgehaltes eher gemieden werden. Überwiegend werden solche Heißhungerattacken in den Abendstunden erlebt, wenn die Patienten alleine sind und unter beeinträchtigter Befindlichkeit leiden. Oft, aber nicht immer, sind diese Heißhungerattacken auch eine Reaktion auf Stress und können als kompensatorisches Verhalten verstanden werden (Kummerspeck). Ein direktes Nachfragen „*Wie häufig* kommt es bei Ihnen vor, dass Sie eine Essattacke erleben?“ motiviert den Patienten eher zu berichten, als die allgemeine Frage „Leiden Sie auch unter Essattacken?“.

Zur Verhaltensdiagnostik bieten sich Ernährungstagebücher an, in denen eine Woche lang alle Speisen und Getränke notiert werden, die verzehrt werden. Hier sind zwei Methoden gebräuchlich (vgl. auch das Muster für ein Ernährungstagebuch im Anhang, S. 77):

Das freie Verzehrprotokoll
Der Patient notiert, wann, was und wie viel er isst oder trinkt auf einem Blatt Papier, das entsprechende Spalten vorgibt. Mit Software-Programmen (z. B. DGE-PC professional) kann anschließend eine Auswertung nach Energie- und Nährstoffaufnahme vorgenommen werden.
Das Formular-Protokoll
Das Formular-Protokoll gibt eine Liste von ca. 130 gebräuchlichen Lebensmitteln und Getränken in haushaltsüblichen Portionsmengen vor, so

dass der Patient nur eine Strichliste führt, wenn er bestimmte Speisen, Lebensmittel oder Getränke konsumiert. Diese Formulare lassen sich ebenfalls mit Software-Programmen (z. B. DGE-PC professional) auswerten.

Beide Methoden bauen auf die Kooperation und Motivation des Patienten. Ihre Zuverlässigkeit hängt direkt von der Bereitschaft des Patienten ab, wirklich alles zu notieren, was getrunken und gegessen wird. Wenn Patienten das Gefühl haben, dass ihr Essverhalten mit diesen Methoden kontrolliert werden soll, sind erhebliche Unterschätzungen der Energieaufnahme zu erwarten.

Es hat sich bewährt, den Patienten, wenn er sein Ernährungstagebuch führen soll, zum „Partner" zu machen, der mithelfen kann, eine Basis für eine hilfreiche Beratung zu schaffen. Ein Hinweis wie „Immer wenn Sie Schokolade essen, können Sie einen Strich bei Vollkornbrot machen", konfrontiert den Patienten direkt mit der Tatsache, dass die Auswertung für ihn nur so gut sein kann, wie er selbst seine Eintragungen vornimmt.

Ernährungstagebücher ergeben mehr qualitative Hinweise

Auch wenn das Ergebnis eines Ernährungstagebuches, da es eine reaktive Messmethode ist, nicht unbedingt zuverlässig sein muss, bietet es dennoch Anhaltspunkte, was der Patient isst und trinkt. Außerdem zeigt die Nährstoffrelation (Energieanteil von Fett zu Kohlenhydraten), zu welcher Zusammensetzung die Kost des Patienten tendiert. Anschließende Diskussionen über die (fragliche) Richtigkeit der Aufzeichnungen sind völlig nutzlos, da der Patient in seiner Defensivhaltung nur beteuern kann, wie zutreffend er alles notiert hat.

Neben dem Ernährungstagebuch kann auch eine Food-Frequency-Liste diagnostisch sinnvoll sein. Diese Liste nennt Lebensmittel, die der Patient danach zu bewerten hat, wie häufig er sie isst oder trinkt. Ein Muster für eine solche Liste ist im Anhang (vgl. S. 72) beigefügt. Für einen ersten Überblick kann dem Patienten auch eine Präferenzliste (vgl. im Anhang S. 68) vorgelegt werden, in der er ankreuzt, welche Lebensmittel, Speisen und Getränke er *gerne* und *häufiger* verzehrt.

Der Fragebogen zum Eßverhalten (F-E-V) lässt kognitive Kontrolle und Störbarkeit diagnostizieren

Ein weiteres Instrument für die Verhaltensdiagnostik ist der *Fragebogen zum Eßverhalten* (FEV; Pudel & Westenhöfer, 1989), der drei Skalen bestimmen lässt: (1) Kognitive Kontrolle des Essverhaltens, (2) Störbarkeit des Essverhaltens und (3) Hungergefühle. Skala 1 bewertet, wie stark ein Patient versucht, sein Essverhalten kognitiv zu regulieren – unabhängig davon, ob es ihm gelingt. Skala 2 erfasst, wie stark die intendierte kognitive Kontrolle des Essverhaltens durchbrochen wird und Skala 3 schließlich (korreliert mit Skala 2) bewertet, wie die Kontrolle durch Hungergefühle außer Kraft gesetzt wird (vgl. Bestellcoupon im Anhang S. 76).

Item-Beispiele aus dem FEV
Skala 1: Kognitive Kontrolle – Ich esse absichtlich kleine Portionen, um nicht zuzunehmen. – Häufig höre ich auf zu essen, obwohl ich noch gar nicht richtig satt bin. – Bestimmte Nahrungsmittel meide ich, weil sie dick machen. **Skala 2: Störbarkeit** – Ich esse gewöhnlich zu viel, wenn ich in Gesellschaft bin, z. B. bei Festen und Einladungen. – Wenn ich ängstlich oder angespannt bin, fange ich oft an zu essen. – Wenn ich mit dem Essen begonnen habe, kann ich manchmal nicht mehr aufhören. **Skala 3: Hunger** – Ich bin meistens so hungrig, dass ich öfter zwischen den Mahlzeiten esse. – Oft habe ich ein so starkes Hungergefühl, dass ich einfach etwas essen muss. – Spätabends oder in der Nacht bekomme ich manchmal großen Hunger.

Zusammenfassung
1. Der BMI ergibt, zusammen mit HWR, Leidensdruck und Laborwerten die Indikation zur Therapie. 2. Die Gewichtsanamnese lässt Erfahrungen, Einstellungen und Vorstellungen des Patienten erkennen. 3. Die Verhaltensdiagnostik charakterisiert Ernährungsweise, Essverhalten und Kontrolle/Störbarkeit im Essverhalten des Patienten und prüft zudem auf Essstörungen (BED) ab.

2 Störungstheorien und -modelle

Erst der Überfluss entwickelt das Fettspeicherprogramm zu einem pathogenen Mechanismus

Die biologisch regulierte Veranlagung, bei positiver Energiebilanz Fettreserven zu bilden, die bei knappen Energieressourcen ein Überleben ermöglichen, ist keine Störung, sondern eine geniale Optimierung von Stoffwechselprozessen im Verlauf der Evolution. Allerdings entwickelt sich die Fettspeicherung unter überdauernden Überflussbedingungen zu einem pathogenen Mechanismus, da die Energiereserven nicht mehr abgerufen, sondern tendenziell eher vermehrt werden. So entwickelt sich durch die Permanenz üppiger Fettspeicher die Insulinresistenz und bahnt, bei entsprechender genetischer Disposition, den Diabetes mellitus Typ 2. Die Option für Übergewicht erhöhte unter den herrschenden Bedingungen der Menschheitsgeschichte die Überlebenswahrscheinlichkeit, in der Überflussgesellschaft erhöht Übergewicht langfristig Morbidität und Mortalität.

Das Verhaltensmanagement muss gegen biologische Regulation eingesetzt werden

Die Therapie der Adipositas verfolgt somit das Ziel, evolutionsbiologische Regulationssysteme zu entschärfen, da nicht primär eine Störung zu behandeln ist, sondern eine Situation, in der sich ein primär zweckvolles biologisches Prinzip als Störung herausstellt. Das macht die Therapie nicht einfach und weist bereits darauf hin, dass nur eine sehr langfristige Behandlung eine Wirkung haben kann.

2.1 Die kurze Geschichte der „Störungstheorien"

Irrtümer werden nur begangen, weil sie plausibel sind

Die Therapie der Adipositas ist so jung wie die üppige Versorgungslage in den westlichen Industrienationen. Laienbeobachtungen wie wissenschaftliche Studien kamen in den 50er Jahren zu einem verhängnisvollen Irrtum über die Pathogenese der Adipositas, der aber nur begangen wurde, weil er sehr plausibel war. Als Supermärkte ihre Regale füllten, nahmen Menschen an Gewicht zu. Als Autos und Fernseher, Rolltreppen und Lifts immer weniger Bewegung abforderten, stieg das Körpergewicht. In einem amerikanischen Gefängnis mästete E.A. Sims (1976) – auf freiwilliger Basis – Gefängnisinsassen mit 10.000 kcal pro Tag. Sie alle nahmen zu. Die Ulmer Gruppe um Ditschuneit (1989) führte in die Adipositastherapie die Null-Diät ein – natürlich nahmen alle Patienten mit Null-Kalorien ab.

So lag es nahe, die Entstehung der Adipositas als Bilanzproblem zu begreifen. Wer mehr isst, als sein Körper verbraucht, nimmt zu. Oder umfassender formuliert: Der Adipöse isst zu viel und/oder bewegt sich zu wenig. Im Grundsatz ist dieser Satz nicht einmal falsch. Aber ist er wirklich richtig, richtig im Sinne von *ausreichender Erklärung*? Kaum jemand würde sich zufrieden geben, wenn die Ursache des Alkoholismus durch übermäßigen Alkoholkonsum erklärt würde.

40 Jahre Diäterfahrung ließen die Deutschen eher zunehmen

Jedenfalls starteten damals mit der steigenden Prävalenz von Übergewicht die Präventions-Maßnahmen gegen Übergewicht, in dem das Prinzip der positiven Energiebilanz einfach umgekehrt wurde. Negative Energiebilanz durch mehr Bewegung wurde propagiert. Und kalorienknappe Diäten füllten alsbald unter immer neuen Namen die Zeitschriften und Bücher. Noch heute werden in Reha-Kliniken Reduktionsdiäten mit 600, 800 oder 1000 kcal zur Gewichtsabnahme serviert. Doch 40 Jahre Diäterfahrung ließen die Deutschen nicht abnehmen, im Gegenteil: sie wurden immer übergewichtiger.

Minnesota-Studie

Eine der bedeutsamsten Untersuchungen zu den Auswirkungen des Hungerns ist die *Minnesota-Studie* (Keys et al., 1950). Ziel der Minnesota-Studie war zu untersuchen, welche Folgen sich als *Einschränkung der Nahrungsaufnahme* einstellen.

Untersucht wurden 36 junge, gesunde Männer, die trotz der damals (1944) bestehenden Wehrpflicht in den USA den Wehrdienst verweigerten. Die eigentliche Untersuchung ging über ein knappes Jahr und bestand aus einer Kontrollphase von 12 Wochen zu Beginn, einer Hungerphase von 24 Wochen, in der die Kalorienzufuhr für jede Versuchsperson individuell halbiert wurde und einer anschließenden Rehabilitationsphase von 12 Wochen, in der wieder mehr gegessen wurde.

Die wesentlichen Ergebnisse zeigen, dass selbst eine Kalorienreduktion von 50 % über ein halbes Jahr lediglich zu einer Gewichtsabnahme von 25 % Prozent führt. Es kommt zu einer Anpassung des Energieverbrauchs an die Energiezufuhr durch eine Reduktion des Ruheumsatzes um 40 %, sowie einer damit einhergehenden Reduktion des allgemeinen Aktivitätsniveaus. Durch die Kalorienrestriktion traten bei den Versuchspersonen weiterhin Veränderungen ihrer Essgewohnheiten und eine gesteigerte gedankliche Beschäftigung mit dem Thema „Essen" auf. Essen wurde im Verlauf der Untersuchung zu einem zentralen Lebensinhalt für die Versuchspersonen. Bei manchen Versuchspersonen blieben auch nach Abschluss der Kalorienrestriktion schwere Störungen der Sättigungsregulation: es kam zu Heißhungeranfällen, die Versuchspersonen hatten Schwierigkeiten, Mahlzeiten zu beenden und selbst nach großen Mahlzeiten wurde ein Sättigungsgefühl nur abgeschwächt und mit Verzögerung verspürt. Auch im kognitiven, emotionalen und sozialen Bereich ergaben sich bei den Versuchspersonen schwerwiegende Veränderungen: Konzentrationsstörungen, verminderte Vigilanz, sozialer Rückzug, Verlust sexuellen Interesses, Stimmungsschwankungen und Depressionen.

Es ergibt sich eine auffallende Übereinstimmung zwischen den beschriebenen Phänomenen und der Symptomatik bei Essstörungen. Offenbar sind die dargestellten Symptome eine direkte Folge der Nahrungsrestriktion und der damit verbundenen Gewichtsreduktion. Dies lässt dann die begründete Vermutung zu, dass viele der beschriebenen Symptome bei Essstörungen nicht auf eine Form spezifischer Psychopathologie der Essstörungen zurückzuführen sind; sie können vielmehr als Folge des veränderten Essverhaltens verstanden werden. Die Adipositastherapie muss diesen Sachverhalt berücksichtigen, um nicht durch inadäquate Therapiemaßnahmen bei den Patienten Essstörungen auszulösen. Möglicherweise geht die Entstehung der Binge Eating Disorder auch auf therapeutische Interventionen zurück.

Die Medizin übergab die Frage nach den Ursachen an die Psychologie

Adipöse sind adipös geworden, weil sie zu viel gegessen oder getrunken haben. Aber: Warum essen sie überhaupt zu viel? Diese Frage wurde Ende der 60er Jahre von der Medizin den Psychologen zur Beantwortung übergeben, da alle Reduktionsdiäten zwar eine Gewichtsabnahme zeigten, die alsbald aber zu einer Wiederzunahme führte. Was machen die Patienten falsch? Was fördert bei diesen Patienten das Überessen? Ist es ein kompensatorisches Verhalten auf Grund psychischer Konflikte, also „Kummerspeck"?

2.2 Die Suche nach der psychologischen „Störung"

Hunderte von normal- und übergewichtigen Menschen wurden psychologisch getestet, denn es galt, die charakteristische Persönlichkeitsstruktur der Übergewichtigen zu definieren, die erklären kann, warum sie mehr Nahrungsenergie essen als sie verbrauchen. Die Ergebnisse lassen sich kurz zusammenfassen:

> Übergewichtige sind in ihren psychologischen Befunden genauso unterschiedlich wie es Normalgewichtige auch sind.

Psychische Störungen sind Folge, nicht aber Ursache der Adipositas

Es ist davon auszugehen, dass Adipöse, wie andere Personen auch, unter psychischen Störungen leiden können. Ob in solchen Störungen aber die psychogenetische Voraussetzungen für die Manifestation einer Adipositas zu erkennen sind, wird durch empirische Befunde nicht gestützt. Lediglich die „Binge Eater" stellen eine Untergruppe der Adipösen dar, die an einer Essstörung leiden.

Spezialfall: Binge Eating Disorder

Die „Binge Eating Disorder" (BED) hat große Ähnlichkeit mit der Bulimia nervosa: Ihr Hauptmerkmal sind ebenfalls wiederkehrende Essanfälle, aber bei den betroffenen Patienten fehlt das für Bulimia nervosa ebenfalls charakteristische Kompensationsverhalten (Erbrechen, Laxantien, Diuretika, exzessiver Sport). Angesichts der hochkalorischen Nahrungsaufnahme während solcher Essanfälle steigt das Risiko, Übergewicht zu entwickeln, wenn die Kalorienzufuhr nicht durch entsprechendes Verhalten kompensiert wird. Und so erfüllen von den Teilnehmern an amerikanischen Gewichtsreduktionsprogrammen ca. 30 % der Patienten die diagnostischen Kriterien für Binge Eating Disorder (BED). In einigen Studien wurde ein Zusammenhang zwischen einem höheren Anteil von BED-Patienten mit steigendem Body Mass Index (BMI) gefunden. Da Untersuchungen in der Allgemeinbevölkerung ergaben, dass der Anteil von BED-Patienten unter den Übergewichtigen ca. 10 % beträgt, deutet dies darauf hin, dass sich BED-Patienten überproportional unter den Teilnehmern von Gewichtsreduktionsprogrammen befinden. BED ist häufig mit weiteren psychischen Störungen wie Depressionen, Angststörungen oder Persönlichkeitsstörungen verbunden.

Wenige Befunde (z. B. eingeschränktes Selbstwertgefühl), die einige Studien als typisch für Adipöse herausstellen, können als Folge der Adipositas, nicht aber als deren Ursache interpretiert werden. Insgesamt sprechen die psychologischen Befunde dafür, dass Adipositas nicht als Essstörung definiert und daher auch nicht in das DSM aufgenommen werden kann.

2.3 Das genetische Modell

Adoptiveltern und ihre Adoptivkinder zeigen keine Beziehung im Gewicht

Albert Stunkard, einer der anerkanntesten Adipositasforscher aus Philadelphia, wollte 1986 in einer großangelegten Adoptionsstudie den Stellenwert von Umweltfaktoren für die Genese der Adipositas belegen (Stunkard et al., 1990). Er untersuchte (in Dänemark und Schweden, wo dies möglich ist) 540 in frühester Kindheit adoptierte Menschen und verglich deren Body Mass Index mit dem ihrer Adoptivmütter und -väter. Die Überraschung war groß, denn es konnte keine signifikante Übereinstimmung festgestellt werden. Als dann die biologischen Eltern ausfindig gemacht, gewogen und gemessen wurden, war das Ergebnis eindeutig: es gibt eine erhebliche genetische Disposition in der Gewichtsregulierung. Mütter und Väter zeigten einen vergleichbaren BMI zu dem ihrer biologischen Kinder, obschon sie mit diesen Kindern nicht gemeinsam gelebt haben.

Die Studie beweist, dass es „gute" und „schlechte Futterverwerter" gibt

Claude Bouchard, der renommierte Zwillingsforscher aus Quebec, ließ 12 monozygote Zwillinge (18 bis 26 Jahre alt) über 100 Tage – stationär aufgenommen – jeden Tag exakt 1.000 kcal mehr verzehren als sie es gewohnt waren (Bouchard, Tremblay & Despres, 1990). Da die Zwillinge sonntags „frei hatten", nahmen sie in den 100 Tagen insgesamt 86.000 kcal mehr zu sich als zuvor. Nach Lehrbuch hat ein Kilogramm Fettgewebe einen Brennwert von 7.000 kcal, so dass theoretisch mit einer Gewichtszunahme von je 12,3 kg zu rechnen wäre. Die Realität jedoch verzeichnete eine weite Spannbreite der Gewichtszunahme zwischen gut 4 und knapp 14 kg (Abbildung 3).

Die erbidentischen Zwillinge jedoch nahmen relativ ähnlich zu, so dass daraus gefolgert werden muss, dass die Disposition zum „guten" oder „schlechten Futterverwerter" ebenfalls genetisch kontrolliert ist.

Durch weitere Studien der letzten zehn Jahre mit sehr ähnlichen Ergebnissen kann an der genetischen Disposition der Adipositas nicht mehr gezweifelt werden (Hebebrand & Remschmidt, 1995). Allerdings – so eine wichtige Feststellung auch für Patienten – reicht die genetische Anlage allein nicht aus, um den Phänotypus Adipositas zu bewirken. Umwelt und Genetik wirken in Interaktion zusammen, denn in der deutschen Nachkriegszeit war Übergewicht sehr selten, obschon sich der Genpool in so kurzer Zeit nicht ändert. Abbildung 4 veranschaulicht diesen Sachverhalt in einem einfachen Vierfelderdiagramm. Zu den begünstigenden Umweltfaktoren zählen vor allem Bewegungsarmut und/oder fettreiche Ernährung.

Umwelt und Genetik addieren sich nicht, sondern stehen in Wechselwirkung

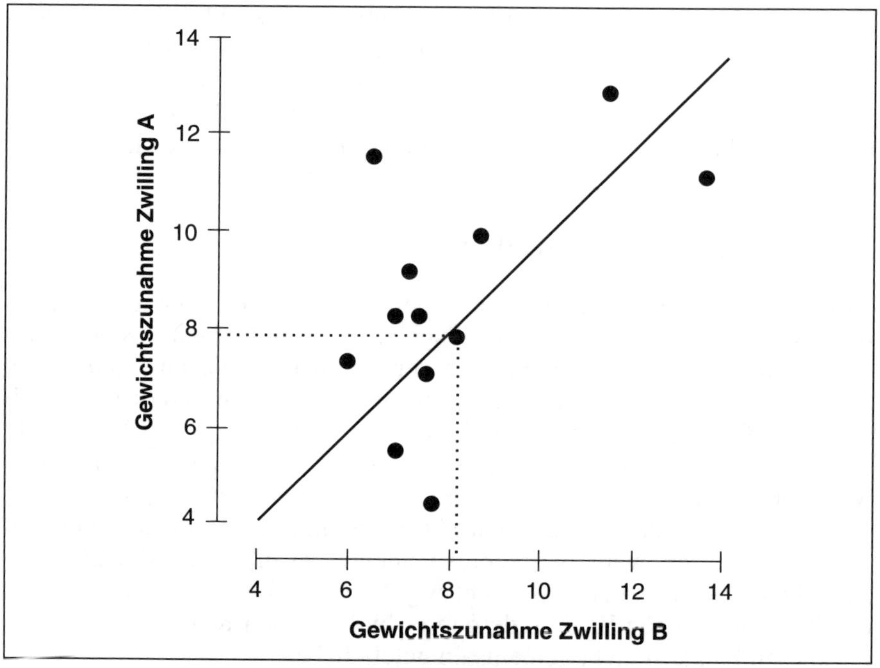

Abbildung 3:
Gewichtszunahme erbidentischer Zwillinge (in kg) nach 100 Tagen Überernährung mit 1000 kcal/Tag. Jeder Punkt gibt die Gewichtszunahme des Zwillingspaares an: Projektion auf Ordinate Zwilling A bzw. auf Abszisse Zwilling B. (Bouchard et al., 1990)

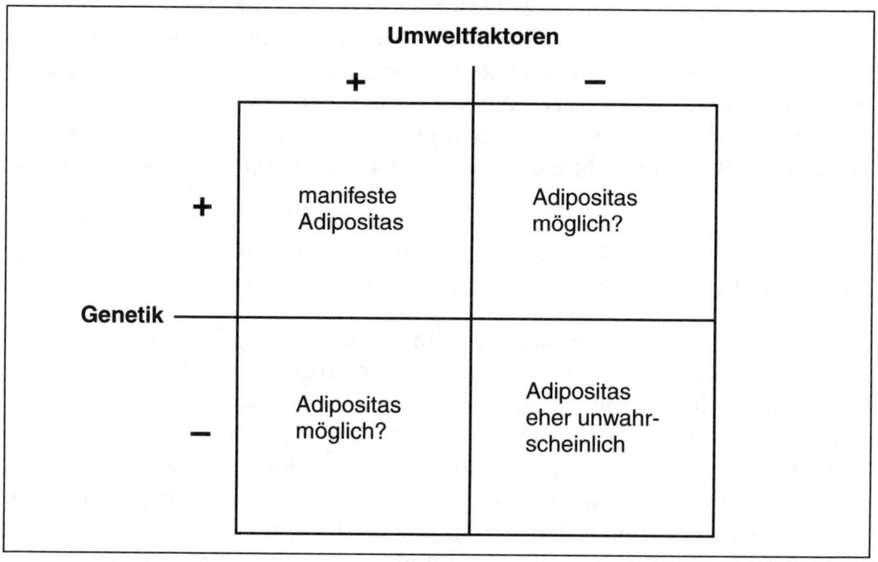

Abbildung 4:
Manifestationswahrscheinlichkeit für Adipositas in Abhängigkeit von genetischer Disposition und Umweltfaktoren

Abbildung 4 lässt auch erkennen, dass es nicht um eine additive Wirkung von Genetik- und Umwelteinfluss geht, sondern dass es immer auf die Interaktion zwischen Genetik und Umwelt ankommt.

2.4 Das diätetische Modell

Ernährungsstudien zeigen keine Differenz in der Energieaufnahme von Normal- und Übergewichtigen

Die aus dem Bilanzprinzip abgeleitete Feststellung, dass adipöse Menschen mehr Kalorien essen oder trinken, konnte durch verschiedene Studien, die die Energieaufnahme durch Ernährungstagebücher quantifizierten, nicht bestätigt werden. Auch wenn kein Unterschied in der notierten Energieaufnahme zwischen Normal- und Übergewichtigen festgestellt wurde, so zeigen doch viele große Studien übereinstimmend, dass es bei der Relation von Fett- zu Kohlenhydratkalorien bemerkenswerte Unterschiede gibt.

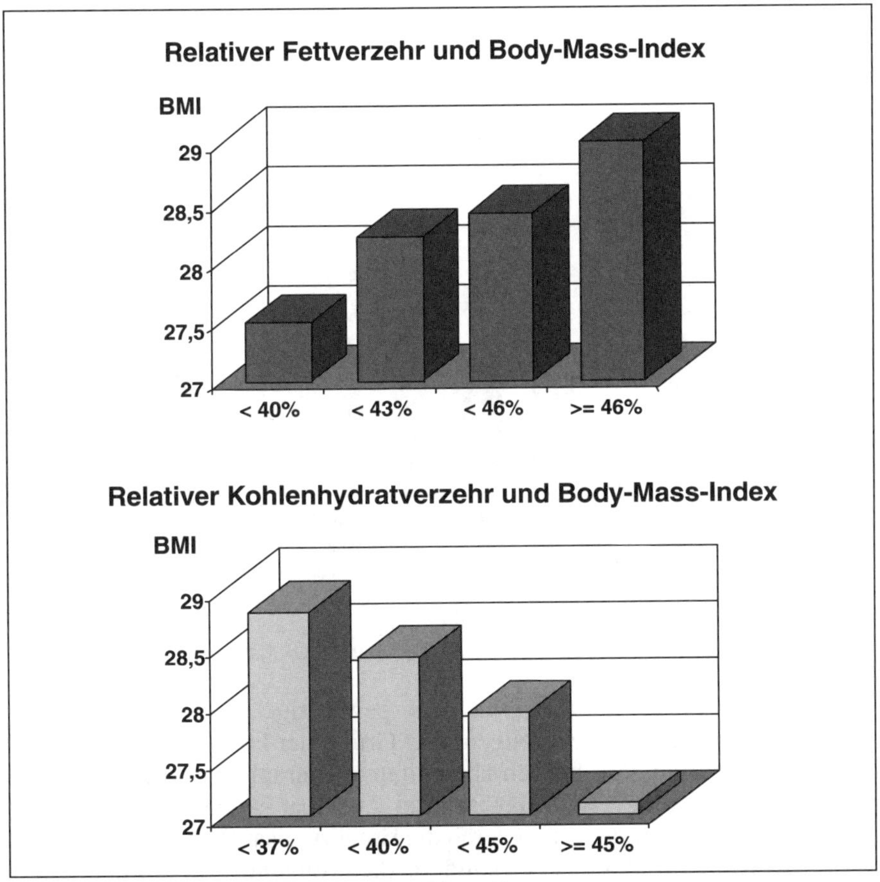

Abbildung 5:
Positive und negative Korrelation zwischen BMI und Fett- bzw. Kohlenhydrataufnahme, festgestellt nach der Analyse der Ernährungstagebücher von 200.000 Personen

Die umfangreichste Analyse bezieht sich auf 200.000 Ernährungstagebücher (Ellrott & Pudel, 1998). Sie zeigt eine eindeutige positive Korrelation zwischen relativem Fettkonsum und BMI, sowie eine ebenso eindeutige negative Korrelation zwischen relativen Kohlenhydratkonsum und BMI (Abbildung 5).

Der Zuckerverzehr steht in umgekehrt proportionaler Beziehung zum Body Mass Index

Diese Ergebnisse wurden, auch für Kinder und Jugendliche, durch andere Untersuchungen bestätigt. In der schottischen MONICA-Studie (Bolton-Smith & Woodward, 1994), einer internationalen, multizentrischen Untersuchung, wurde darüber hinaus noch festgestellt, dass der Verzehr an Saccharose ebenfalls negativ mit dem BMI in Beziehung steht, Menschen also um so mehr Zucker verzehren, je weniger sie wiegen. Natürlich kann diese Beziehung nicht als Kausalbeziehung interpretiert werden, doch belegt sie, dass Personen mit einem beträchtlichen Zuckerkonsum (über 130 g/d) dennoch Normalgewicht halten können (Abbildung 6).

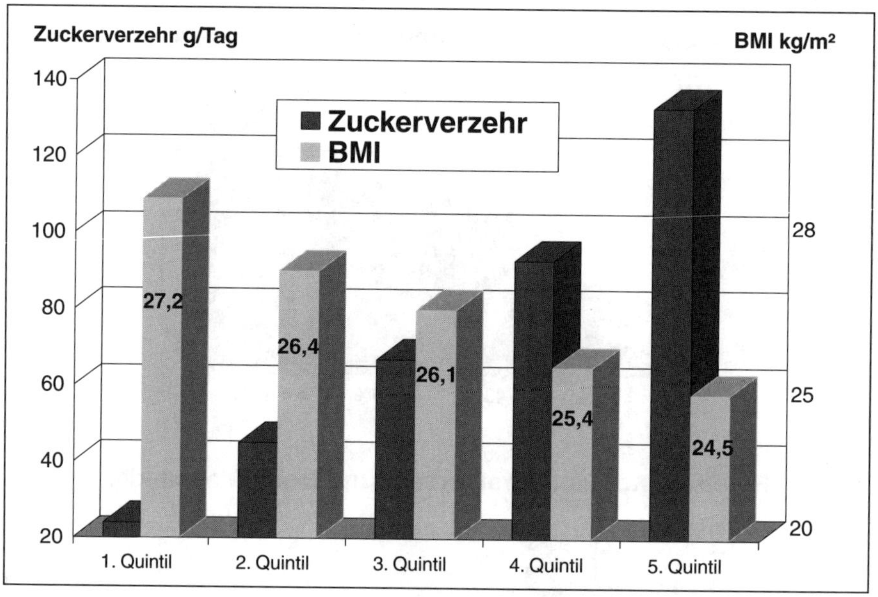

Abbildung 6:
Zuckerverzehr und BMI nach Daten der MONICA-Studie in Schottland

Die Gründe für die Fettpräferenz der adipösen Menschen ist bis heute nicht geklärt

Ungeklärt bis heute bleibt, warum Übergewichtige eher fettreiche, aber kohlenhydratarme Kost bevorzugen. Auf Grund der Fülle an Untersuchungen (und der daraus erfolgreich abgeleiteten Therapiemaßnahme) gibt es an dem Befund kaum vernünftige Zweifel. Denkbar ist, dass die Nahrungswahl der Übergewichtigen auch durch die Ernährungsaufklärung beeinflusst wird, die Kohlenhydrate, insbesondere das konzentrierte Kohlenhydrat Zucker, eher als „Dickmacher" propagiert hat. Möglich ist auch, dass eine genetische Disposition für die Fettpräferenz besteht – zumal gerade nach einer ersten Studie an Tieren vermutet werden kann, dass „Fett“ als unabhängige Geschmacksrichtung neben den bekannten Geschmacksqualitäten süß, sauer, bitter und salzig existiert.

Das diätetische Modell einer von Adipösen bevorzugten Nährstoffrelation zu Gunsten von Fett wird zudem weiter bedeutungsvoll, nachdem in experimentellen Studien übereinstimmend bestätigt wurde, dass Kohlenhydrate beim Menschen durch die spezifische enzymatische Ausstattung „normalerweise“ nicht in Fett umgewandelt werden (Acheson et al., 1988). Die De-novo-Lipogenese[6] ist beim Menschen – im Unterschied zu Schweinen, Nagern und Vögeln – kein bevorzugter Stoffwechselweg. Erst bei langfristiger Zufuhr von mehr als 450 bis 500 g Kohlenhydraten pro Tag aktiviert sich die De-novo-Lipogenese. Dies aber sind Nahrungsmengen (z. B. 0.7 kg Gummibärchen, 0.5 kg Zucker, 2.5 kg Nudeln oder 40 Äpfel), die unter normalen Verzehrbedingungen nicht konsumiert werden (können).

Die Neubildung von Fett aus Kohlenhydraten ist beim Menschen kein bevorzugter Stoffwechselweg

2.5 Das verhaltenspsychologische Modell

Vor 25 Jahren wurde zeitgleich und unabhängig von einander sowohl in Toronto als auch in Göttingen eine Verhaltensdisposition beschrieben, die zu wirksamen therapeutischen Konsequenzen geführt hat. „Restraint Eater“ nannten Herman und Polivy die Personen, die in Göttingen als „latent Fettsüchtige“ bezeichnet wurden. Das typische Verhaltensmerkmal dieser Menschen besteht darin, wie sie versuchen, kognitiv ihre Nahrungsaufnahme zu kontrollieren. Die Bezeichnung „restrained eating“ („gezügeltes Essverhalten“) hat sich heute durchgesetzt (Herman & Mack, 1975; Herman & Polivy, 1988, 1990).

Gezügelte Esser versuchen, mit kognitiver Kontrolle ihr Gewicht zu regulieren

Menschen, die eine Gewichtszunahme verhindern wollen, beginnen, ihr eigenes Essverhalten zu zügeln. Das Ausmaß ihrer Anstrengungen nicht aber ihr Erfolg, wird auch durch Skala 1 im *Fragebogen zum Eßverhalten (FEV)* gemessen.

Die kognitive Gegensteuerung wird bei Menschen aktiviert, die merken oder ahnen, dass sie mit ihrem Lebensstil und ihrer biologischen Disposition zu Übergewicht tendieren. Sie wird aber auch bei Menschen (insbesondere jüngeren Frauen) aktiviert, die versuchen, mit ihrer Figur das herrschende Schlankheitsideal zu erfüllen.

Das herrschende Schönheitsideal motiviert besonders Frauen, ihr Essen zu zügeln

Epidemiologische Erhebungen lassen erkennen, dass die bewusste Gegensteuerung bei Essen und Trinken eine extrem große Verbreitung gefunden hat, denn über 50% der Bevölkerung gibt auf Befragen an, Probleme mit dem eigenen Essverhalten zu haben.

---

[6] Unter dem Begriff „De-novo-Lipogenese“ wird der Prozess der Neubildung von Fettmasse verstanden.

Typische Verhaltensstrategien sind u.a. „Ich lasse Reste auf dem Teller, auch wenn ich noch nicht satt bin“; „Ich kenne den Kaloriengehalt fast aller Lebensmittel“; „Ich gehe mit Einkaufszettel einkaufen“ oder „Ich vermeide Einladungen, bei denen es Essen gibt“.

Bulimische Patientinnen zeigen eine extrem hohe kognitive Kontrolle ihres Essverhaltens

Joachim Westenhöfer (1992) hat in Göttingen mit dem *Fragebogen zum Eßverhalten* verschiedene Patientengruppen untersucht. Insbesondere fiel auf, dass Personen mit einem hohen Wert auf Skala 1 (kognitive Kontrolle) einerseits Patienten waren, die an Bulimia nervosa erkrankt waren, andererseits aber auch Personen, die ihr Normalgewicht relativ gut stabilisierten. Daraus ergab sich die spannende Frage, warum Menschen mit *hoher kognitiver Kontrolle* einerseits an Essstörungen litten, andererseits aber psychisch gesund eine stabile Gewichtsregulation erreichten.

Die weitere Forschungsarbeit konnte dann gut herausarbeiten, dass es offenbar zwei verschiedene Formen der kognitiven Kontrolle gibt. So wurde zwischen einer „rigiden“ und einer „flexiblen Kontrolle“ unterschieden, die auch den verschiedenen Zielgruppen eindeutig zuzuordnen war: bulimische Patienten zeigten ein extrem hohes Ausmaß an *rigider Kontrolle*, Personen mit stabilisiertem Gewicht im Normalbereich eine ausgeprägte *flexible Kontrolle.*

Rigide Verhaltenskontrollen sind die typischen Vorsätze, denen sich Millionen unterwerfen

Die rigide Verhaltenskontrolle kann als eine Selbsthilfemaßnahme verstanden werden, mit der ein Mensch „kognitiv vernünftig“ versucht, seine Essprobleme zu lösen. Rigide Verhaltenskontrolle bilden sich als Vornahmehandlungen, als Vorsätze heraus, um negative Einflüsse auszuschalten. „Ich esse nie mehr Schokolade“, das ist eine typische, rigide Verhaltenskontrolle, die sich Millionen schon irgendwann einmal vorgenommen haben.

Rigide Verhaltenskontrollen sind „Alles-oder-Nichts“-Vornahmen, verwenden Begriffe wie „ab sofort“, „immer“, „nur noch“ oder „nie mehr“. Darum sind sie absolut, entweder auf 0% oder 100% ausgerichtet. Rigide Verhaltenskontrollen, so zeigen experimentelle Studien mit gezügelten und nicht gezügelten Essern, werden durch geringste Überschreitungen völlig außer Kraft gesetzt. Der rigide Vorsatz „Ich esse nie mehr Schokolade“ bricht in sich zusammen, wenn auch nur ein Stückchen Schokolade verzehrt wird.

„Jetzt ist es auch egal“ führt zur Gegenregulation bei der geringsten Überschreitung des rigiden Vorsatzes

Dieser Zusammenbruch der *Selbstkontrolle* auf Grund eines eigentlich unbedeutenden Ereignisses wird als *Gegenregulation* bezeichnet. Im Erleben der Menschen reflektiert sich die Gegenregulation als der Gedanke: "Jetzt ist es auch egal". Damit führt eine rigide Verhaltenskontrolle, auch wenn sie als Selbsthilfe initiiert war, zur Destabilisierung des Verhaltens und verschärft letztendlich die Verhaltensprobleme bei Essen und Trinken.

Eine flexible Verhaltenskontrolle dagegen implementiert keinen Vorsatz mit lebenslanger Gültigkeit, sondern bezieht sich auf einen überschaubaren

Zeitraum, wie z. B. eine Woche oder einen Monat. Das Verhaltensziel wird realistisch definiert und lässt eine fortwährende Kontrolle zu, ob das Ziel erreicht wird. So sind auch Korrekturen möglich, ohne in die Falle der Gegenregulation zu geraten.

Rigide Vorsätze sind weit verbreitet, z.B. zu Silvester

Unklar ist bis heute, warum die von Menschen spontan zur Selbsthilfe erdachten Maßnahmen überwiegend der rigiden Verhaltenskontrolle mit dem großen Risiko der Gegenregulation zuzuordnen sind. Auch in anderen Lebensbereichen werden zumeist rigide Verhaltenskontrollen geplant (z. B. Silvester: „Im Neuen Jahr werde ich nicht mehr rauchen").

Das Phänomen der Gegenregulation, programmiert durch rigide Verhaltenskontrollen, macht eine kognitive Steuerung des Ess- und Trinkverhaltens sehr schwierig, da keine Stabilisierung, sondern durch den Zusammenbruch der Selbstkontrolle eher eine Destabilisierung stattfindet.

Die unzutreffende Einteilung in „gesunde" und „ungesunde" Lebensmittel fördert die Gegenregulation

Wenn 80% der Lebensmittel und Speisen, die in Deutschland verzehrt werden, von den Menschen selbst als „ungesund" eingestuft werden, findet an den Esstischen nahezu täglich die Gegenregulation statt. Allein die alternative Zuordnung der Lebensmittel in die Kategorien „gesund" und „ungesund" ist eine falsche, aber weit verbreitete rigide Kontrolle, die über die Gegenregulation den Beschluss „Jetzt ist es auch egal" aktiviert.

2.6 Integration der Modelle

Adipositas entsteht als Interaktion von evolutionsbiologischen, genetischen Dispositionen und Umweltbedingungen, zu denen eingeschränkter Bewegungsumsatz und Verzehr von fettreicher, kohlenhydratarmer Kost zählen. Statt von „Schuld" des Adipösen zu sprechen, erscheint der Begriff „Schicksal" angemessener, obschon es sich bei der Adipositas nicht um eine schicksalhafte Entwicklung ohne Ausweg handelt.

Rigide Verhaltenskontrollen sind unter Überflussbedingungen kontraindiziert und destabilisieren über die Gegenregulation das Verhalten

Die angebotenen Erklärungsmodelle („Bilanzprinzip") und die daraus abgeleiteten Hilfen („Kalorienreduktion") sind wenig effektiv, manchmal sogar kontraindiziert. Zum Management des Überflusses sind rigide Verhaltenskontrollen ungeeignet, da sie über die Gegenregulation das Verhalten eher destabilisieren und eine weitere Gewichtszunahme begünstigen. Grundlage der Adipositas ist keine psychische Störung, sondern ein geniales evolutionsbiologisches Programm, das erst unter andauernden Überflussbedingungen zum gesundheitlichen Risikofaktor mutiert. Da Übergewicht ein nicht zu übersehendes, öffentliches Merkmal einer Person ist, kommt der Bewertung von Ursachen für das psychosoziale Erleben des Adipösen eine besonders wichtige Bedeutung bei – zumal in einer Gesellschaft, die seit Twiggy, Mitte der 60er Jahre, das Untergewicht sehr nachhaltig zum attraktiven Schönheitsideal erkoren hat.

3 Diagnostik und Indikation

Das primäre diagnostische Kriterium zur Therapie der Adipositas ist ein Body Mass Index > 30. Bei einem BMI < 25 besteht keine Indikation zur Therapie. Ein BMI zwischen 25 und 30 kann eine Indikation zur Gewichtsabnahme sein, wenn gewichtsabhängige Risikofaktoren, eine androide Fettverteilung und/oder ein erheblicher psychosozialer Leidensdruck vorliegen.

Normalisierung der Laborwerte kann auch die Motivation des Patienten erhöhen

Aus ärztlicher Sicht sollten kritische Labor- und Messwerte (z. B. Nüchternblutzucker, Harnsäure, HDL/LDL-Cholesterin, Trigyldzeride, Blutdruck, Gelenkbeschwerden, Schlafapnoe) mit dem Patienten mit Bezug auf das Übergewicht besprochen werden. Ein Hinweis auf eine nachhaltige Normalisierung der Parameter nicht durch Medikamente, sondern durch Gewichtsabnahme kann durchaus eine gesundheitsorientierte Motivation beim Patienten anregen.

Aus psychologischer Sicht nämlich kommt der Motivation des Patienten eine ausschlaggebende Bedeutung zu, da Patienten ohne eigenen Abnahmewunsch nicht mit Erfolg behandelt werden können (vgl. auch die Karte „Leitfaden für das diagnostische Gespräch" im Anhang des Bandes).

Extrinsische Motivation zur Gewichtsabnahme bedeutet eine schlechte Prognose

Bei der Bewertung der Motivation des Patienten ist zu prüfen, ob die Motive zur Gewichtsabnahme eher intrinsisch oder extrinsisch orientiert sind. Ein vertiefendes Gespräch über die Frage „Warum wollen Sie abnehmen?" kann helfen, die Motivationslage zu klären. Es empfiehlt sich, dem Patienten zunächst einen kurzen Katalog (siehe „Motivationsfragen" im Anhang S. 75) mit Statements vorzulegen, die von ihm zu bewerten sind. Das nachfolgende Gespräch kann sich dann auf die als zutreffend angegebenen Statements konzentrieren und eine differenzierte Bewertung vornehmen lassen.

Extrinsische Motive wie „Hat der Arzt mir geraten", „Weil mein Partner das gerne möchte" oder „Weil man heute schlank sein muss" sind zwar durchaus ernst zu nehmende Beweggründe, die allerdings - auf die Langfristigkeit der Therapie gesehen - meistens nicht ausreichen, das Durchhaltevermögen des Patienten nachhaltig zu stabilisieren. Solche Motive bauen kurzfristig zwar eine spontane Bereitschaft zur Behandlung auf, erhöhen auf Dauer gesehen aber die Drop-Out-Quote.

Intrinsische Motive stabilisieren die Motivation

Intrinsische Motive wie „Weil ich mich besser leiden möchte", „Weil ich mich schicker anziehen kann" oder „Weil ich mehr Spaß am Leben haben will" lassen darauf schließen, dass sich der Patient selbst einen Vorteil für sich durch eine gelungene Gewichtsabnahme verspricht. Dadurch wird eine längerfristige Motivation gefördert, zumal wenn Anfangserfolge erlebt werden, die diese Motivation zusätzlich verstärken.

Wichtig ist eine Verhaltensdiagnose, die erkennen lässt, wann, wie und was der Patient isst und trinkt (siehe Kap. 4.3.3.1). Allerdings ist es bislang nicht gelungen, geeignete Verfahren zu validieren, die zuverlässige Daten für eine Verhaltensdiagnose liefern. Essen und Trinken zählen zu den häufigsten Verhaltensweisen des Menschen, sie sind oft habitualisiert und in feste Reiz-Reaktions-Schemata eingebunden. Andererseits besteht ein Trend, dass Essverhalten zunehmend flexibler gestaltet und spezifischen Lebenssituationen angepasst wird. Diagnostische Ansätze mit einem Satz wie „Jetzt berichten Sie mir doch bitte einmal, was Sie so alles essen und trinken" liefern eher mehr Desinformation als Information. Die meisten Patienten tendieren, wie Untersuchungen zeigen, zum Underreporting. Auch das Weglassen bestimmter Lebensmittel oder Speisen im Sinne der sozialen Erwünschtheit ist verbreitet, da für jeden Adipösen ein Bericht über die eigene Nahrungsaufnahme per se konflikthaft besetzt ist.

Die Verhaltensdiagnose zu Essen und Trinken ist schwierig, da häufig Speisen vergessen werden

Ernährungstagebücher, Food-Frequency- oder Präferenzlisten können als sinnvolle Instrumente benutzt werden, wenn der Patient dazu motiviert ist und vor allem nicht das Gefühl hat, man wolle ihn mit diesen Instrumenten kontrollieren. Gleichwohl sind beide Verfahren reaktive Methoden, und durch ihre Bearbeitung verändern sie – auch ungewollt – das zu messende Merkmal. Nicht selten ist nach der Bearbeitung eines Ernährungstagebuches eine Gewichtsabnahme festzustellen, denn bevor z.B. eine Bratwurst gegessen wird, die eingetragen werden muss, wird auf die Bratwurst verzichtet.

Eine Berechnung des relativen Anteils ergibt qualitative Hinweise

Ernährungstagebücher oder Food-Frequency-Listen sollten daher nicht als exakte Abbildungen des Essverhaltens des Patienten bewertet werden. Sie können aber Anhaltspunkte geben, welche Lebensmittel und Speisen der Patient konsumiert, welche Getränke er bevorzugt. Auch eine Berechnung des relativen Anteils von Fett zu Kohlenhydraten kann darüber Aufschluss geben, ob der Patient – gleich bei welcher Gesamtenergiezufuhr – eher Fett bevorzugt und Kohlenhydrate ablehnt.

Meistens liefert ein Ernährungstagebuch jedoch Resultate, die von der Gesamtenergiezufuhr betrachtet bereits eine Reduktionsdiät darstellen. Darum sollte von einer quantitativen Bewertung für eine Diagnose Abstand genommen und nur eine qualitative Analyse durchgeführt werden.

In der Verhaltensdiagnose ist weiterhin zu klären, in welchem Umfang der Patient seine eigene Nahrungswahl steuern kann, welchem Umfang bei ihm die Außer-Haus-Verpflegung ausmacht, ob er selbst einkauft und selbst kocht. Geklärt werden sollte auch, wie kompetent sein Wissen in elementaren Fragen der Ernährung ist. Ein kurzer Ernährungswissenstest findet sich im Anhang (vgl. S. 70).

Außer-Haus-Verpflegung sowie Einkaufsverhalten und Küchentechniken klären

Weiterhin wird im Gespräch geklärt, welche Faktoren das Essverhalten beeinflussen. Überaktivierender Stress, wie Konflikte und Überlastung, kann wie unteraktivierender Stress, wie Trauer und Langeweile, zu Appetitminderung, aber auch zu *Appetitsteigerung* führen. In diesem Zusammenhang sind auch Essattacken (BED) abzuklären, ihre Häufigkeit und ihre Auslösesituationen.

Die Zielvorstellungen müssen realistisch geplant werden, um Misserfolgen vorzubeugen

Eine weitere wichtige Rolle bei der Diagnose- und Indikationsstellung spielt das Anspruchsniveau des Patienten. In der Regel wünschen sich adipöse Patienten, wenn sie zur Gewichtsabnahme motiviert sind, einen zu großen Gewichtsverlust in zu kurzer Zeit. Dieser unrealistische Anspruch provoziert Misserfolgserleben und gefährdet ganz entscheidend die Durchhaltemotivation. Es ist nachvollziehbar, dass adipöse Menschen „schlank sein", aber nicht unbedingt „schlank werden" wollen. „Garantierte Erfolgsversprechen" von unseriösen Anbietern haben auch dazu beigetragen, dass Vorstellungen wie „10 Kilo in vierzehn Tagen!" in die Wunschvorstellungen der Patienten eingeflossen sind. Eigene Erfahrungen mit Crash- und Blitzkuren, bei denen initial vornehmlich Wasser ausgeschwemmt und/oder Muskelmasse abgebaut werden, so dass durchaus Gewichtsabnahmen von einigen Kilogramm nach dem Start der Diät erlebt wurden, verstärken die Vorstellung von rascher Gewichtsabnahme – auch wenn sie nicht stabilisiert werden konnte.

Der Patient übernimmt bei Diätabbruch selbst die Schuld, da die Diät initiale Erfolge hatte

Der initiale Scheinerfolg aller langfristig insuffizienten Diätmaßnahmen etabliert jedoch bei den Übergewichtigen, die sich solchen Crash- und Blitzdiäten unterwerfen, die Gewissheit, dass mit Schlankheitsdiäten, wie FdH, Schalttagen, 1000-Kalorien-Plänen, etc. eine Gewichtsreduktion gelingt, die sie selbst auf ihrer Waage mit Freude registrieren können. Da solche „Diäten" aber selten länger durchgehalten werden können, muss sich der Mensch nach Abbruch selbst die Schuld am Misserfolg zuschreiben, da die Diät offenkundig funktioniert, nur er selbst aufgegeben hat. So erklärt sich auch die fortwährende Suche nach immer neuen Diäten, mit denen „man es hoffentlich endlich einmal schafft", und die sich verstärkende Tendenz zur Resignation, die sich allerdings nicht auf die Unzulänglichkeit der Diäten, sondern auf das eigene Unvermögen bezieht, mit solchen Maßnahmen erfolgreich zu sein.

Die „Lebenskurve" bringt den Patienten dazu, seine Vorstellungen zu relativieren

Für die Erarbeitung eines realistischen Anspruchsniveaus sollte ein ausführliches Gespräch mit dem Patienten über seine bisherigen Erfahrungen (Methoden, Resultate) zur Gewichtsreduktion erfolgen. Eine „Lebenskurve" des Körpergewichts sollte gezeichnet werden (siehe Kap. 1.7 sowie Anhang S. 67). Sodann wird der Patient gebeten, seine „Lebenskurve" unter der Annahme in die Zukunft zu verlängern, dass keine Therapie stattfinden würde. Als weitere Variante sollte er sodann eine Gewichtslinie einzeichnen, die seinen Wünschen entspricht.

Aus dem diskrepanten Verlauf dieser beiden Linien wird unmittelbar deutlich, wie Realität und Wunsch auseinander driften. Diese Erfahrung kann dann genutzt werden, um eine realistische Zielprojektion vorzunehmen, die maximal 0,5 kg Gewichtsverlust pro Woche vorsieht. Selbst eine Gewichtsstabilität in der Zukunft kann anhand dieser Grafik bereits als Erfolg bewertet werden, obschon diese Vorstellung den meisten Patienten kaum zu vermitteln ist.

Zur weiteren diagnostischen Klärung sollte dann das Bewegungsverhalten besprochen und bewertet werden. Das Ausmaß an aktiver Bewegung gerade in alltäglichen Situationen muss erfasst werden, um bereits Anhaltspunkte zu bekommen, wie, wann und wo im therapeutischen Prozess gerade die Alltagsaktivität gesteigert werden kann. Der Patient wird gebeten, eine Woche lang zu notieren, welche Aktivität er gerade ausübt. Geeignet dazu ist ein Formular mit Halb- bzw. Stundenraster an der linken Seite, um dadurch die Aufmerksamkeit zu erhöhen, die Aktivitäten regelmäßig einzutragen (vgl. Bewegungsprotokoll im Anhang S. 66). Bereits eine einfache Skalierung nach „gesessen/gelegen“, „gestanden“, „gelaufen“ reicht, um die Bewegungsaktivität abzuschätzen.

Das Bewegungsverhalten im Alltag ist ein wichtiger Faktor, der gesprochen werden muss

Zusammenfassung

1. BMI und gewichtsabhängige Risikofaktoren, Fettverteilung, psychosozialer Leidensdruck bestimmen
2. Motivation zur Gewichtsabnahme klären
3. Verhaltensdiagnose (Lebensmittel, Speisen, Fett, Kohlenhydrate)
4. Essverhalten unter Belastung feststellen
5. Ernährungswissen prüfen
6. Gewichtsanamnese, Zukunftsprojektion, Wunschverlauf zeichnen
7. Definition eines realistischen Anspruchsniveaus erarbeiten
8. Aktive Bewegung unter Alltagsbedingungen feststellen

4 Behandlung

Die Behandlung der Adipositas verfolgt seit mindestens 10 Jahren nicht mehr primär das Ziel einer maximalen Gewichtsreduktion, sondern das Ziel einer langfristigen Stabilisierung des reduzierten Gewichts.

Wichtiger als die Abnahme ist die Stabilisierung des reduzierten Gewichts

Klinisch sichere Methoden der Gewichtsreduktion sind inzwischen evaluiert (z. B. Formula-Diäten), weitaus schwieriger zu gestalten (und auch nicht vollends erforscht und evaluiert) sind jedoch die therapeutischen Bedingungen, die es ermöglichen, eine erreichte Gewichtsreduktion nachhaltig zu stabilisieren.

Die Kriterien zur Beurteilung des Therapieerfolges

Das Institute of Medicine hat 1995 nach einjähriger Arbeit von zehn Experten neue Kriterien zur Evaluation von Gewichtsmanagement-Programmen publiziert:

1. Langfristiger Gewichtsverlust
– 1 Jahr oder länger – Gewichtsverlust ≥ 5% des Körpergewichts oder – Reduktion des BMI um 1 oder mehr Einheiten
2. Verbesserung von Übergewichts-assoziierten Erkrankungen
Einer oder mehr der assoziierten Risikofaktoren soll (wenn vorhanden) klinisch signifikant verbessert werden. Z. B.: – Bluthochdruck – Hypercholesterinämie – Hypertriglyceridämie – Hyperglycämie und – Diabetes Typ II b (NIDDM)
3. Verbessertes Gesundheitsverhalten
Verzehr nach den Vorgaben der Ernährungspyramide (US-Landwirtschaftsministerium) an mind. 4 von 7 Tagen: – Monitoring mit Ernährungsprotokollen Regelmäßige körperliche Aktivität: – 1/2 Stunde oder mehr moderate körperliche Aktivität am Tag – 4 x pro Woche oder mehr Regelmäßige ärztliche Konsultationen (mind. einmal pro Jahr) – Insbesondere bei fortbestehendem Übergewicht – Zur Fortführung oder zum Beginn adäquater Therapiemaßnahmen – Zur Früherkennung Übergewichts-assoziierter Erkrankungen
4. Monitoring von gegenteiligen Effekten, die durch das Programm selbst verursacht sein könnten (Nebenwirkungen)
– Klinische und nichtklinische Programme sollten ihre Teilnehmer regelmäßig über Veränderungen ihres Gesundheitszustandes während des Programms befragen – Do-it-yourself-Programme sollten die Konsumenten darüber informieren, dass das Programm möglicherweise Nebenwirkungen haben kann und, dass die Konsumenten während der Teilnahme sich daraufhin beobachten sollen
5. Verbesserung der allgemeinen Lebensqualität
– Eine Verbesserung der Lebensqualität durch die Teilnahme an einem Therapieprogramm ist ein wünschenswertes Ziel und muss durch entsprechende Erhebungsmethoden überprüft werden

Bis heute sind keine Studien vorgelegt worden, die - an allen Kriterien des Institute of Medicine orientiert – Methoden zur Gewichtsabnahme evaluiert haben.

Das auf Seite 10 gezeigte Schema des Gewichtsverlaufs ohne und mit therapeutischer Intervention kann dazu dienen, die Therapieerwartungen sowohl bei Patienten als auch Therapeuten zu relativieren. So kann selbst bei Erreichen des Ausgangsgewichts nach einigen Jahren noch von einem relativen Therapieerfolg gesprochen werden, denn ohne therapeutische Intervention wäre mit großer Wahrscheinlichkeit das Gewicht in dieser Zeitspanne weit über das Ausgangsgewicht angestiegen.

Selbst eine Gewichtskonstanz ist ein relativer Therapieerfolg

4.1 Darstellung der Therapiemethoden

4.1.1 Chirurgische Therapie

Nach den Empfehlungen der Deutschen Adipositas Gesellschaft ist die klassische Malabsorptionschirurgie (z. B. Magenbypass nach Roux-Y) als Therapieform von Adipositas obsolet. Ebenso ist die Aspirationslipektomie (Fettabsaugung) *keine* geeignete Methode zur Behandlung von Adipositas, obschon sie häufig in den Medien so dargestellt und daher von Patienten auch gewünscht wird.

Die Malabsorptionschirurgie wird heute nicht mehr empfohlen

Bei einem Übergewicht von mehr als 40 kg/m^2, das sich auch durch Anwendung verschiedener anerkannter, nicht interventioneller Therapieformen nicht behandeln ließ, gelten heute die Operationen nach Mason und Kuzmak als interventionelle, operative Therapieformen der Wahl. Eine Übersicht zu den operativen Techniken findet sich bei Husemann (1995).

Bei der vertikalen Gastroplastik nach Mason wird ein Silikonring mit einem Durchmesser von ca. 5 mm in die kleine Kurvatur des Magens eingenäht. Vom Fundus bis zu diesem Ring verschließt eine vertikale Klammernaht den Restmagen, so dass ein Reservoir mit 15 bis 60 ml zurückbleibt. Beim flexiblen Banding nach Kuzmak, welches gewöhnlich minimalinvasiv laparaskopisch-endoskopisch durchgeführt werden kann, wird ein inflatables Kunststoffband horizontal um den Magen geschnürt. Dieses Kunststoffband ist mittels eines subkutanen Ports in seinem Durchmesser zu verändern und so auf die individuellen Verhältnisse beim Patienten einzustellen.

Gastric Banding kann bei einem BMI > 40 nach eingehender Abklärung eine erfolgreiche Methode sein, wenn andere Methoden versagt haben

Beiden Operationen ist gemein, das der verbleibende funktionelle Restmagen nur noch einen Bruchteil des Nahrungsvolumens aufnehmen kann. Der Verzehr größerer Nahrungsmengen ist den Patienten unmöglich, führt er doch zu Schmerzen und Erbrechen (Aversionstherapie). Die Gewichtsabnahme der operierten Patienten ist eindrucksvoll. Mit der Kuzmak-Methode wird nach den ersten 12 Monaten post operationem über einen Rückgang des Übergewichts um 50% berichtet. Für das Verfahren nach Mason sind durchschnittliche Gewichtsabnahmen von 32 kg im ersten postoperativen Jahr publiziert worden. Therapeutische Misserfolge werden in Einzelfällen beobachtet, wenn Patienten mit gesüßten Getränken, geschmolzenem Eis oder anderen flüssigen Lebensmitteln erfolgreich eine positive Energiebilanz erzielen.

Eine nachhaltige Gewichtsreduktion verbessert die psychosoziale Situation des Patienten erheblich

Gründliche psychologische Untersuchungen über die Befindlichkeit der Patienten und über ihr Appetit- und Sättigungsempfinden liegen bislang nicht in ausreichendem Maße vor. Einige Studien lassen jedoch vermuten, dass die Patienten durch den großen und anhaltenden Effekt der Operation ihre psychosoziale Situation als positiv erleben. Wurden erfolgreich operierte Patienten mit der (theoretischen) Aussicht konfrontiert, wieder „so dick" zu werden wie zuvor, dann konnten sich 90% dieser Patienten eher vorstellen, ein amputiertes Bein oder Blindheit in Kauf zu nehmen als wieder so monströs dick zu werden.

4.1.2 Medikamentöse Therapie

Die medikamentöse Therapie ist nur als additive Maßnahme einzusetzen

Die genauen, an der Regulation der Nahrungsaufnahme beteiligten Mechanismen sind noch weitgehend unbekannt. Deshalb ist eine kausalpathogenetisch orientierte medikamentöse Therapie der Adipositas erst in Ansätzen möglich. Amphetamine (und andere als „Appetitzügler" benannte Substanzen) werden auf Grund ihres nachgewiesenen Suchtpotenzials und schwerwiegender Nebenwirkungen schon seit langem nicht mehr verabreicht. Schilddrüsenhormone sind bei euthyreoter Stoffwechsellage kontraindiziert. Die medikamentöse Therapie ist nur als eine additive Maßnahme bei Adipositas (BMI > 30) anzusehen, die begleitend zur Diät- und Verhaltenstherapie eingesetzt werden kann (Deutsche Adipositas Gesellschaft).

Sibutramin fördert eine Serotonin-Wiederaufnahmehemmung im ZNS und erhöht den Noradrenalinspiegel

Der Wirkstoff Sibutramin (Reductil®) gehört in die Gruppe der serotonergen Agenzien. Im Unterschied zu Dexfenfluramin (Isomeride®), das 1997 weltweit vom Markt genommen wurde, hat Sibutramin außer der Serotonin-Wiederaufnahmehemmung im ZNS auch eine direkte ß-sympathomimetische Wirkung. Der zentrale Noradrenalinspiegel wird erhöht. Über diesen Mechanismus soll zusätzlich der Energieverbrauch gesteigert werden. Allerdings führt eine ß-sympathomimetische Wirkung auch zum Anstieg der Blutdruckwerte. Dieser vorübergehende Medikamenten-induzierte Anstieg des Blutdrucks wird bei erfolgreicher Gewichtsabnahme wahrscheinlich durch blutdrucksenkende Prozesse kompensiert. Dennoch ist bei den behandelten Patienten regelmäßig der Blutdruck zu kontrollieren. Der mittlere Gewichtsverlust unter 15 mg Sibutramin/Tag in doppelblinden Studien beträgt im Mittel 7,7 kg in 3 Monaten, verglichen mit 2,2 kg unter Placebo.

Allerdings kommt es bei Fortführung der Medikation über 12 Monate zu keiner weiteren nennenswerten Abnahme, sondern zu einer leichten Wiederzunahme von 1,6 kg (Placebo 0,3 kg).

Lipase-Inhibitoren, wie das Tetrahydrolipstatin Orlistat (Xenical®), hemmen die intestinale Fettdigestion und führen zu einer Fettmalabsorption. Im Gegensatz zu den serotonergen Agenzien entfalten Lipase-Inhibitoren ihre Wirkung ausschließlich peripher. Ungefähr 30% des aufgenommenen Nahrungsfetts werden nicht resorbiert. Allerdings kommt es in Abhängigkeit vom Fettgehalt der Kost zu gastrointestinalen Nebenwirkungen wie Durchfall, Fettstuhl und Darmkrämpfen. Diese Nebenwirkungen können die Compliance der Patienten beeinträchtigen. Zu prüfen bleibt deshalb, ob die höhere Gewichtsabnahme aussschließlich das Resultat der Malabsorption ist, oder ob es durch die offensichtliche Assoziation eines hohen Fettverzehrs mit unangenehmen gastrointestinalen Nebenwirkungen - nach dem Paradigma einer operanten Konditionierung - zu einer konsequenten Fettvermeidung unter Lipaseinhibitoren kommt. Damit wäre dieses Medikament „verhaltenstherapeutisch“ wirksam (ähnlich der Antabus-Therapie). Die Abhängigkeit der Nebenwirkungen von Lipase-Inhibitoren vom Fettgehalt der Kost erlaubt den Einsatz dieser Medikamente als „Diätcompliance-Verstärker“: Solange die Patienten die vorgegebene fettarme Diät befolgen, sind die Nebenwirkungen gering. Bei bewusster und unbewusster Steigerung des Fettverzehrs erleben die Patienten die oben beschriebenen Nebenwirkungen, die als negative Verstärker die Einhaltung der fettarmen Diät begünstigen (Aversionstherapie).

Orlistat hemmt die intestinale Fettabsorption um 30% und wirkt wegen der dadurch auftretenden Nebenwirkungen in gewisser Weise „verhaltenstherapeutisch“

Beachte: Bei Patienten mit bulimischen Essstörungen können Lipase-Inhibitoren das Repertoire an Abführmitteln und Diuretika ergänzen, das von den Patienten (abführender Typ) zur Kompensation der Essanfälle eingesetzt wird. Bei solchen Patienten sind diese Pharmaka kontraindiziert, da sie dazu beitragen, die Essstörung zu verstärken und zu stabilisieren.

Die beiden zugelassenen Substanzen (Orlistat als „Xenical“® und Sibutramin als „Reductil“®) können als adjuvante, medikamentöse Maßnahmen die Adipositastherapie unterstützen. Die erzielten Gewichtsabnahmen sind in etwa vergleichbar. Der Wirkmechanismus jedoch ist grundverschieden – periphere vs. zentrale Wirkung. Sibutramin erscheint als zentral wirkende Substanz bei Patienten hilfreich, die unter schwer kontrollierbarem Appetit leiden; Orlistat hingegen unterstützt die Einhaltung einer fettnormalisierten, kohlenhydratliberalisierten Ernährung und verringert zudem die Wirkung des aufgenommenen Nahrungsfettes um 30%.

Sibutramin wirkt zentral, Orlistat wirkt peripher. Beide Wirkstoffe sind nicht als Dauermedikation zugelassen

Da beide Medikamente nicht als Dauermedikation eingesetzt werden, stellt sich die Frage nach dem Gewichtsverlauf nach Absetzen der Medikation. Eine Einbettung der unterstützenden, medikamentösen Therapie in eine umfassende Verhaltens- und Diättherapie ist daher unumgänglich.

4.1.3 Medizinprodukte

Sättigungskapseln verstärken das Sättigungsgefühl und bewirken dadurch eine Gewichtsabnahme

Sättigungskapseln, die als Medizinprodukt gelten, werden ebenfalls als nicht medikamentöse Therapie eingesetzt. Die Kapseln enthalten gepresste Kollagen- (Matricur®) oder Zellulosestreifen (CM3®), die im Magen aufquellen und dadurch ein gesteigertes Sättigungsgefühl verursachen sollen. Studien mit Zellulosestreifen belegen diese Wirkung und beweisen im Blindversuch eine um einige Kilogramm höhere Gewichtsabnahme mit Zellulosekapseln gegenüber Placebo.

4.1.4 Formula-Diäten

Formula Diäten sind Nährstoffgemische nach gesetzlichen Vorgaben der Diätverordnung

Ohne begleitendes Verhaltenstraining kommt es zur Wiederzunahme nach Absetzen der Formula Diäten

Die Deutsche Adipositas Gesellschaft nennt in ihren aktuellen Empfehlungen als diätetische Behandlungsmöglichkeiten die energiereduzierte Mischkost (1000 bis 1500 kcal/Tag), die niedrig kalorische Kost (LCD, 700 bis 1000 kcal/Tag) und die extrem niedrig kalorische Kost (VLCD, 450 bis 700 kcal/Tag). LCD und VLCD werden meist mit Formula-Diäten (nach einer ernährungsphysiologischen Formel komponierte Nahrungssubstrate) durchgeführt, die nach § 14a der Diätverordnung zusammengesetzt sind. Derartige Formula-Diäten sind weitgehend Makro- und Mikronährstoff-optimiert und stellen im Gegensatz zur Nulldiät (totales Fasten) kein gesundheitliches Risiko dar. Die Compliance bei den Patienten ist unter LCD und VLCD normalerweise sehr gut, da insbesondere initial ein schneller Gewichtsverlust stattfindet und sich solche rigiden Diätstrategien deutlich von der Alltagskost unterscheiden, so dass der Patient nicht immer wieder in seine „alte Verzehrsmuster" zurückfällt. Nach diesen Formula-Diäten nehmen die Patienten aber gewöhnlich wieder rasch an Gewicht zu, teilweise auch über das Ausgangsgewicht hinaus. Ohne ein begleitendes Verhaltenstraining, das schon während und nach der Formula-Diät ein überflussangepasstes Ess- und Bewegungsverhalten über einen längeren Zeitraum trainiert, sind solche Diäten kontraproduktiv und eignen sich nicht als Therapie der Adipositas. Werden sie dagegen als ein Hilfsmittel zur Negativierung der Energiebilanz im Rahmen einer umfassenden Behandlung der Adipositas Grad 2 und 3 mit begleitender Verhaltens- und Bewegungstherapie eingesetzt, so können sie sehr effektiv sein.

4.1.5 Schlankheitsdiäten

Die als Blitz-, Crash- oder Hungerdiäten, vornehmlich in den Massenmedien propagierten Kostformen, sind in aller Regel Formen einer Fehl- oder Mangelernährung, die durch extreme Nährstoffrelationen oder selektive Lebensmittelauswahl eine pauschale Kalorienrestriktion erzielen (z. B.

Trenn-Kost, Mayo-, Hollywood-, Atkin's-, Punkte-, Fit-for-Life-, Eier-, Ananas-, Reis-Diät u.v.m.). Als ernst zu nehmende Therapie kommen sie nicht in Frage. Ihre besondere Gefährlichkeit besteht häufig in wissenschaftlich völlig unhaltbaren Heilversprechen, die weit über eine Gewichtsabnahme hinausgehen (Krebs, Neurodermitis, etc.). Häufig sind die beschrieben Mechanismen, die zu einer überdurchschnittlichen Gewichtsabnahme führen sollen, wissenschaftlich nicht geprüft, oder sie widersprechen gar wissenschaftlichen Erkenntnissen. Als rigide Diätmaßnahmen können sie für kurze Zeit, nicht aber langfristig, relativ gut toleriert werden, da sie sich vom gewohnten Essverhalten gänzlich entkoppeln. Der kurzfristig erzielte Gewichtsverlust durch solche Diäten ist mehr auf Wasser- und Proteinverluste zurückzuführen, die sich rasch wieder nach Abbruch der Diät restituieren.

Blitz- und Crashdiäten sind meist wissenschaftlich ungeprüft. Gefährlich sind ihre oft unhaltbaren Heilversprechen

4.1.6 Kognitive Verhaltenstherapie

Die kognitive Verhaltenstherapie zielt beim adipösen Patienten zunächst darauf ab, eine adäquate Kausalattribuierung über die Ursachen seiner Adipositas vorzunehmen. Bis vor wenigen Jahren (teilweise aber auch noch heute) wurden die Meinungen und Beobachtungen der Adipösen, die sie als Ursachen ihres Übergewichts nannten, als „Ausreden" und „Entschuldigungen" abgetan. So sind die folgenden Statements jedem bekannt, der mit adipösen Menschen gesprochen hat:

Die „Ausreden" der übergewichtigen Patienten wurden nicht ernst genommen

Statements zur Erklärung des Übergewichts
– Glauben Sie mir, ich esse wirklich wenig
– Bei uns liegt Übergewicht in der Familie
– Ich bin aber ein guter Futterverwerter
– Bei mir muss das an den Drüsen liegen
– Ich habe einen schweren Knochenbau

Alle diese Statements wurden nicht akzeptiert und als unzutreffend abgetan. Damit wurde auch die „Schuldfrage" für Übergewicht auf eindeutige Weise dem Adipösen selbst zur Last gelegt: „Sie essen zu viel". Bis auf das Argument vom „schweren Knochenbau" sind in den letzten zehn Jahren aber alle diese Feststellungen klinisch bzw. experimentell überprüft worden. Statt von „Schuld" sollte der Therapeut eher von „Schicksal" sprechen und versuchen, diese Sichtweise auch dem adipösen Patienten nahe zu bringen.

Aus der „Schuldfrage" ist inzwischen die „Schicksalsfrage" geworden

Seine Adipositas muss der Patient als ein veränderbares „Handicap im Überfluss" erleben, das er aktiv managen kann und will, ohne unter Schuldgefühlen zu leiden. Er muss begreifen, dass Übergewicht nicht vererbt ist, sondern nur die *Anlage* zu Übergewicht. Er muss erfahren, dass er auch als

„guter Futterverwerter“ genussvoll essen kann, ohne dass er zunimmt. Er wird erkennen, dass er tatsächlich „wenig“ isst, wenn man die Nahrungsmenge auf dem Teller betrachtet, die aber wegen des höheren Fettanteils mehr Energie liefert. Und er sollte auch wissen, dass „die Drüsen“ durchaus Hormone und Enzyme (z. B. Leptin) zur Steuerung von Nahrungsaufnahme und Gewicht beisteuern, ohne dass zu diesem Punkt schon praxisverwertbare Erkenntnisse vorliegen.

Eine kognitive Umstrukturierung ist notwendig, um das „Handicap Übergewicht“ zu verstehen

Für die meisten Adipösen bedeutet dieser erste Prozess eine kognitive Umstrukturierung, die aber notwendig ist, um aus einem resignativen Schuldeingeständnis zu einer aktiven Handlungsperspektive zu kommen, die auch die Probleme und Schwierigkeiten beinhaltet, die das Management des *Handicaps Übergewicht* mit sich bringt.

Das Prinzip der Wechselwirkung von Umwelt und Genetik muss vom Patienten verstanden werden

Erfahrungsgemäß können adipöse Patienten, die auch das Essverhalten anderer Personen intensiv beobachten, gut berichten, wer in ihrem Bekanntenkreis mehr oder weniger isst und ähnliche Gewichtsprobleme hat. Auch eine Darstellung der verwandten Familienmitglieder nach Gewicht und Essverhalten bietet sich an, um dieses Thema zu vertiefen. Das Gespräch wird relativ schnell zu den Feststellungen gelangen, dass es andere Menschen gibt, die schlank sind, obschon sie deutlich mehr essen, dass Gewichtsprobleme in der Familie gehäuft vorkommen und dass das Lebensalter eine Rolle für Übergewicht spielt. Anhand des Vier-Felder-Diagramms (Abbildung 4, S. 18) kann dem Patienten das Prinzip der Wechselwirkung von Genetik und Umwelt erklärt werden. Damit wird eine positive Einsicht in die Möglichkeiten der Therapie gefördert, aber auch eine realistische Sichtweise über die eigene Situation geschaffen, die als ein genetisches Handicap, nicht aber als „Schuldvorwurf“ aufgefasst werden sollte.

4.1.7 Diätetische Maßnahmen

4.1.7.1 Fettnormalisierung und Kohlenhydratliberalisierung

Die diätetische Verhaltenstherapie basiert auf einem Training des Essverhaltens mit dem Ziel, die Fettaufnahme zu normalisieren, den Kohlenhydratkonsum zu liberalisieren und den Alkoholkonsum zu kontrollieren.

Fettkontrolle und Kohlenhydrate ad libitum führen zur Gewichtsabnahme

Studien, in denen Patienten trainiert wurden, ihren Fettkonsum zu beschränken bei gleichzeitiger Freigabe des Kohlenhydratverzehrs (ad libitum), berichten übereinstimmend von einer Gewichtsreduktion (Swinburn & Ravussin, 1993; Tremblay et al., 1991; Tucker & Kano, 1992) Untersuchungen, in denen fettnormalisierte Kost bei Kohlenhydrataufnahme ad libitum mit einer pauschalen Kalorienkontrolle (z. B. 1200 kcal/Tag) verglichen wurde, konnten zeigen, dass die initiale Gewichtsabnahme beider Kontrollstrategien vergleichbar war, dass aber die pauschale Kalorienkontrolle von den Patienten als „weniger sättigend“, „weniger wohlschmeckend“ und die „Lebensqualität beeinträchtigend“ erlebt wurde. Fettnormalisierte Kost bei liberalisierter Kohlenhydrataufnahme ging mit ausreichender Sättigung, positiver Geschmacksbewertung und einer gesteigerten Lebensqualität einher (Shah et al., 1994). Eine dänische Studie ließ Patienten mit Medikamenten und Formula-Diäten im Mittel 13 kg in drei Monaten abnehmen. Danach folgte ein einjähriges Training in der Gruppe (1) als pauschale Kalorienkontrolle, in der Gruppe (2) als fettnormalisierte, kohlenhydratliberale Ernährung. Nach einem weiteren Jahr ohne therapeutische Intervention hatte Gruppe (1) mehr als 11 kg wieder zugenommen, während Gruppe (2) mit einer Wiederzunahme von 5,4 kg mehr als 50% der initialen Gewichtsabnahme stabilisiert hatte.

Kalorienkontrolle beeinträchtigt Sättigung, Geschmack und Lebensqualität negativ

Eine große Meta-Analyse von 17 internationalen Untersuchungen (Acheson et al., 1988) sowie die multizentrische CARMEN-Studie (Saris et al., 2000) belegen, dass allein eine Fettreduktion ohne zusätzliche Beschränkungen in der Nahrungswahl zu moderaten Gewichtsabnahmen führt, wobei – wie die CARMEN-Studie nachweist – die Qualität der verzehrten Kohlenhydrate (einfache vs. komplexe Kohlenhydrate) keine unterschiedliche Wirkung auf Gewichtsabnahme oder Laborwerte erzielt. Allein die Fettreduktion bei Liberalisierung der Kohlenhydrataufnahme bringt de facto eine Reduktion der Gesamtenergieaufnahme.

Fettnormalisierung und Liberalisierung der Kohlenhydrataufnahme reduzieren de facto die Gesamtenergieaufnahme

Unter „fettnormalisiert“ wird eine Ernährungsweise verstanden, die Nahrungsfett zwischen 60 bis 70 Gramm/Tag enthält. Bei einem durchschnittlichen Fettkonsum von ca. 120 Gramm/Tag in der Bevölkerung, der von adipösen Menschen u.U. beträchtlich überschritten wird, stellt diese Vorgabe von 60 bis 70 Gramm/Tag bereits eine erhebliche Reduktion des Fettkonsums, und damit der Energieaufnahme dar.

Die „Freigabe“ der Kohlenhydrate fördert ein ausreichendes Sättigungsgefühl, führt aber dennoch nicht zur vollständigen Kompensation der eingesparten Fettkalorien, da Kohlenhydrate – im Gegensatz zu fettreichen Lebensmitteln – energieärmer und zudem großvolumig sind, so dass die „Freigabe“ in der Praxis durch die Kohlenhydrate selbst begrenzt wird. Beispiel: 8 Schokotrüffel liefern wie 6 Bananen jeweils 570 kcal. Dieses Beispiel veranschaulicht auch, dass der Sättigungseffekt von Kohlenhydraten erheblich stärker ist als der von fettreichen Speisen. Den höchsten Sättigungseffekt erzielen eiweißreiche Lebensmittel.

Kohenhydratreiche Speisen sättigen allein wegen ihres größeren Volumens besser als fettreiche Speisen

Da Alkohol im Organismus nicht gespeichert werden kann, besetzen Alkoholkalorien den ersten Rangplatz auf der Oxidationshierarchie, die damit zu einer Inhibition der Fettverbrennung führen. Somit wirken Alkoholkalorien letztlich wie Fettkalorien und sind in der Fettbilanz mit zu berücksichtigen.

Eiweiß wird in ausreichender Menge aufgenommen

Proteine können im diätetischen Training unberücksichtigt bleiben, da eine ausreichende Menge an Protein (ca. 70 g/Tag) bei fettnormalisierter, kohlenhydratliberaler Ernährung aufgenommen wird. Das wird allein durch die Zusammensetzung der Lebensmittel gewährleistet.

Während des diätetischen Verhaltenstraining wird der Patient lernen, seinen Fettkonsum auf 60 bis 70 Gramm/Tag zu reduzieren. Dabei sind folgende Maßnahmen und Techniken hilfreich:

- Selbstbeobachtung des Essverhaltens. Anhand von Nährwerttabellen, die den Fettgehalt von Lebensmitteln und Speisen angeben, errechnet der Patient über eine Woche eine Fettbilanz. Er sollte eine Rangreihe von Lebensmitteln und Speisen nach ihrem Fetteintrag aufstellen.
- Lebensmittel und Speisen, die die ersten fünf Rangplätze im Fetteintrag belegen, sind daraufhin abzuprüfen, ob
  - sie durch fettreduzierte Varianten ersetzt oder
  - durch fettsparende Rezepturen verändert werden können.

Beim überlegten Einkauf im Supermarkt kann bereits viel Fett gespart werden

Der Lebensmittelmarkt bietet inzwischen eine Fülle an fettreduzierten Lebensmitteln. Der Patient muss probieren, welche Varianten er ohne Geschmackseinbuße verwenden will. Die Bücher „Fettfalle Supermarkt“ und „Fettfalle Fast-Food“ (Ellrott & Ellrott, 2000, 2001) geben praxisnahe Tipps zum Einkauf von fettreduzierten Lebensmitteln und zum Verzehr von fettkontrolliertem Fast-Food.

Fettsparende Koch- und Küchentechniken

Fettsparende Koch- und Küchentechniken können erheblich helfen, den Fettkonsum zu reduzieren. Folgende Techniken sollen besprochen und trainiert werden:

- Verwendung von beschichteten Pfannen (Teflon), die ohne Zugabe von Bratfett auskommen
- Abschöpfen von Fett mit der Kelle oder Küchenkrepp
- Verwendung eines „Fettkännchens“, mit dem Soßen entfettet werden können (gibt es im Haushaltswarengeschäft)
- Schnitzel oder Koteletts nicht panieren, sondern „natur“ braten
- Salatöl mit einem Zerstäuber (Haushaltswarengeschäft) auf dem Salat verteilen
- Halbfettmargarine oder -butter als Brotaufstrich verwenden. Auch Cremequarks, saure Sahne oder Senf sind geeignet, um unter Wurst- oder Käsebelag Fett einzusparen.
- Fettreduzierten Käse oder Wurst verwenden.
- Fettarmen Käse oder Aufschnitt einkaufen, wie Harzer, Corned Beef, gekochten Schinken.
- fettarme oder fettfreie Süßigkeiten, wie Russisch Brot, Löffelbiskuits, Butterkekse, Gummibärchen, Honig, Marmelade oder Obstkuchen statt Schokoladenprodukte, Nüsse oder fettreiche Torten.

Das verhaltenstherapeutische Prinzip der kleinen Schritte sollte beim Austausch der gewohnten gegen neue Lebensmittel und Speisen bedacht werden. Es ist günstig, nur jeweils ein oder zwei Lebensmittel pro Woche auszutauschen, damit der Überblick gewahrt und der Verhaltensaufwand nicht zu groß wird. Die Methode der flexiblen Verhaltenskontrolle (siehe Kap. 2.5) muss zusätzlich angewendet werden.

Das Verhaltenstraining muss nach der Methode der kleinen Schritte erfolgen

Durch wiederholte Bilanzierungen des Fettkonsums erhält der Patient eine positive Rückmeldung über seine Trainingsfortschritte, die in einer Tabelle vermerkt werden. Diese Erfolgskontrolle ist bedeutsamer als die auf der Waage festzustellende Gewichtsreduktion, die langsamer und nicht unbedingt stetig stattfindet. Bei fortschreitender Reduktion der Fettaufnahme auf 60 bis 70 Gramm ist mit initialen Gewichtsabnahmen von ca. 0,5 kg pro Woche zu rechnen, die sich über Monate dann stabilisieren.

Die Kontrolle der Fettbilanz ist wichtiger als die Gewichtskontrolle

4.1.7.2 Einsatz von Formula-Diäten

Bei Patienten mit einem BMI > 30 ist es (auch zur Stärkung der Motivation) angebracht, initial eine deutlichere Gewichtsreduktion herbei zu führen als dies allein mit einer fettnormalisierten, kohlenhydratliberalen Kostform erreichbar ist. In diesem Fall bieten sich Formula-Diäten an, die nach den gesetzlichen Vorschriften des § 14a der Diätverordnung von verschiedenen Herstellern in Apotheken oder im Supermarkt angeboten werden. Diese nach einer Formel zusammengesetzten Nährstoffkonzentrate sind zur ausschließlichen Ernährung gedacht. Sie enthalten daher alle wichtigen Makro- und Mikronährstoffe, wie sie im § 14a der DiätVO entsprechend einer EU-Richtlinie vorgeschrieben werden. Eine Tagesration besteht in der Regel aus fünf Portionen, die insgesamt 1.200 kcal nicht überschreiten dürfen.

Eine notwendige, höhere Gewichtsreduktion, z.B. bei Patienten mit BMI > 30, kann mit Formula Diäten erreicht werden

Ihre Anwendung sollte ärztlich kontrolliert werden, da durch die rapide Gewichtsabnahme unter Formula-Diäten u.a. häufig eine Anpassung der Medikamente notwendig wird. Im Gegensatz zur Null-Diät stellen Formula-Diäten grundsätzlich kein gesundheitliches Risiko dar. Durch Zufuhr von hochwertigem Protein und einer geringen Menge Kohlenhydrate wird die Ketogenese eingeschränkt und der Verlust an Magermasse minimiert. Dennoch können nach längerer Anwendung Nebenwirkungen auftreten. Obstipation, orthostatische Dysregulation, Elektrolytimbalancen, Hyperurikämie, Menstruationsstörungen, intermittierender Haarausfall und Cholecystolithiasis wurden beschrieben. Viele dieser Nebenwirkungen lassen sich aber vermeiden, wenn die Patienten die empfohlene Menge der Formula-Diät verzehren würden. Es ist jedoch in der Praxis oft so, dass Patienten die Dosis verringern, weil sie sich dadurch eine größere Gewichtsabnahme versprechen. Bei Einsatz von Formula-Diäten ist es daher besonders wichtig, die Patienten immer wieder darauf hinzuweisen, die empfohlenen Men-

Formula Diäten nach §14a Diätverordnung minimieren den Abbau von Magermasse und beugen dadurch der Senkung des Grundumsatzes vor

gen zu verzehren, um Nebenwirkungen und Abbau der Magermasse zu vermeiden. Die Einnahme von zwei Portionen Formula-Diät auf einmal mehrfach in der Woche vermindert das Risiko der Gallensteinbildung unter Formula-Diät.

Die Compliance unter Formula Diäten ist wegen der erlebten Gewichtsabnahmen sehr hoch

Bei Einsatz von Formula-Diäten über drei Monate werden im Durchschnitt Gewichtsabnahmen von ca. 23 kg (Frauen) und 26 kg (Männer) erreicht. Je nach Ausgangsgewicht sind auch wesentlich höhere Gewichtsabnahmen gemessen worden. Die Compliance unter Formula-Diät ist wegen dieser beachtlichen Gewichtsabnahme in aller Regel sehr hoch. Allerdings kommt es auch rasch wieder zu einer Zunahme, wenn während der Zeit der Formula-Diät und eine längere Zeitspanne danach keine begleitende Verhaltens- und Bewegungstherapie angeboten wird.

Ohne nachfolgendes Verhaltenstraining kann kein dauerhafter Erfolg erreicht werden

Den Patienten sollte bereits vor Beginn der Formula-Diät deutlich werden, dass die zu erwartende Gewichtsabnahme keinen „Erfolg“, sondern lediglich die „physiologische Konsequenz“ darstellt. Nur durch das nachfolgende Verhaltenstraining kann langfristig aus der Gewichtsabnahme ein Erfolg werden, wenn es gelingt, diese Abnahme zu stabilisieren.

4.1.8 Training des Ess- und Bewegungsverhaltens

4.1.8.1 Essverhalten

Menschen optimieren ihr Essverhalten innerhalb ihres Erlebnishorizontes

Änderungen des Essverhaltens sind nicht leicht, da es sich um ein durchweg hochfrequentes, habitualisiertes Verhalten mit hoher Stabilität und großer Resistenz gegen Veränderungen handelt. Jeder Mensch hat sein eigenes Essverhalten aus seinem Erlebnishorizont heraus optimiert (auch wenn diese subjektive Optimierung nicht objektiv optimal ist). Daraus folgt, dass eine Veränderung des Essverhaltens die subjektive Optimierung verletzt, dadurch deutlich wahrgenommen und als Einbuße erlebt wird. Schon der Begriff „Essen“ ist im Gegensatz zum Begriff „Ernährung“ semantisch völlig anders besetzt.

Essen und Ernährung sind keine synonymen Begriffe

Wie Abbildung 7 auf Grund einer repräsentativen Erhebung in Deutschland erkennen lässt, wird „Essen“ mit emotionalen Bezügen assoziiert, während „Ernährung“ an ernährungsphysiologische, rationale Bezüge gebunden ist. Da „gut essen“ für deutsche Verbraucher auf einer 20-stufigen Rangskala der Lebensgenüsse den vierten Platz belegt (hinter „Urlaub“, „Familie“, „Sex oder Liebe“), sich außerdem 70% der Deutschen, was das Essen angeht, für „einen Genießer“ halten, sind Änderungen im Essverhalten für Patienten ein „riskantes Unterfangen“, das mit Verlust von Freude, Spaß und Genuß assoziiert wird.

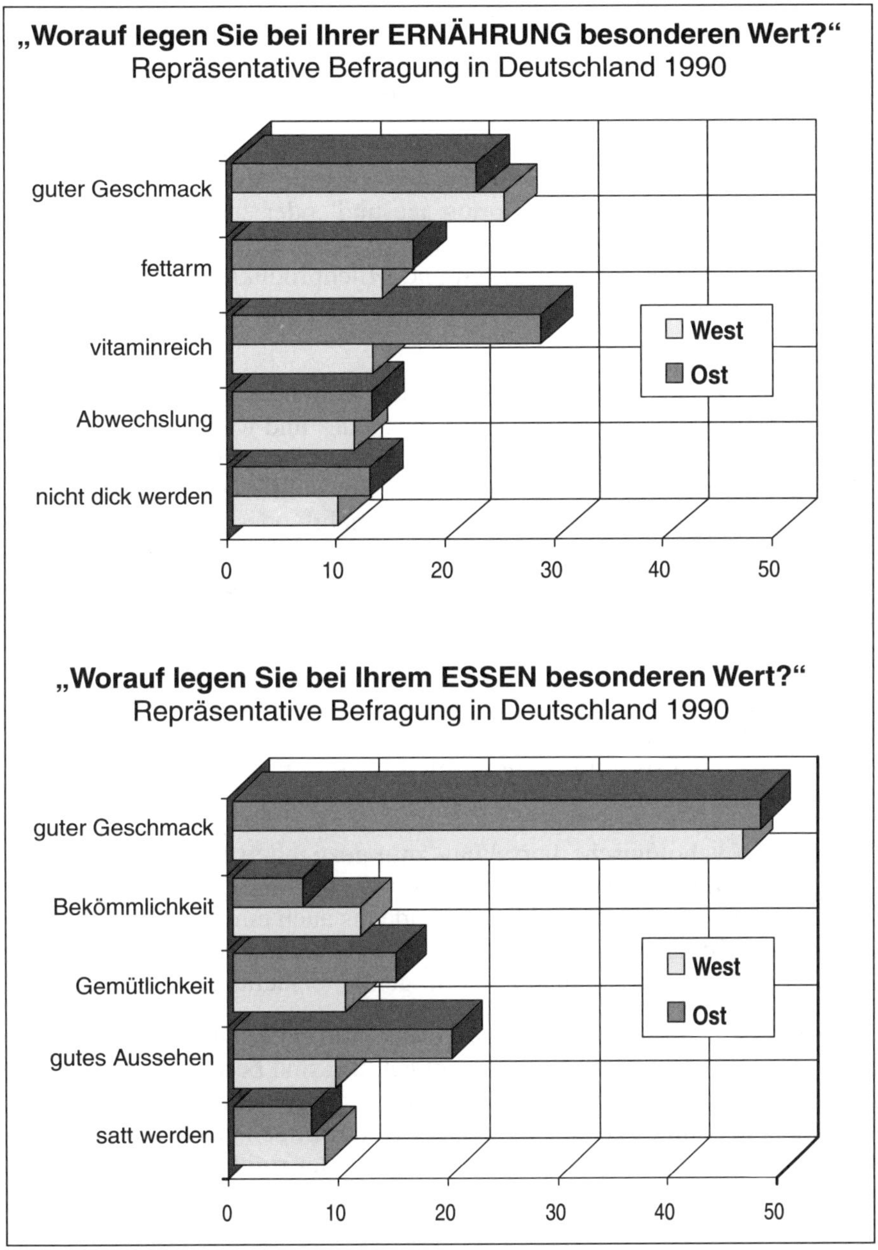

Abbildung 7:
Spontannennungen der Bevölkerung auf die Begriffe „Ernährung" und „Essen"

Beachte: In der Therapie sollte allgemein nicht von „Ernährung“, sondern vom „Essen“ gesprochen werden, denn es geht nicht primär um eine Vermittlung von Ernährungswissen, sondern um Veränderungen des Essverhaltens.

Die Einteilung der Lebensmittel in „gesunde“ und „ungesunde“ ist fachlich falsch

Die Ernährungsaufklärung hat dazu beigetragen, dass Lebensmittel und Speisen sehr schnell den Kategorien „gesund“ oder „ungesund“ zugeordnet werden können. „Gesund“ für deutsche Verbraucher sind Gemüse und Obst, 50% votieren noch für Milch und Milchprodukte. Nahezu 80% der tatsächlich verzehrten Lebensmittel werden dagegen als „ungesund“ klassifiziert.

So vermag es auch nicht zu wundern, dass Patienten bereits aus eigenem Antrieb häufig versucht haben, mehr „gesunde“ und weniger „ungesunde“ Speisen zu essen. Gerade übergewichtige Menschen, die unter ihrem Gewicht psychosozial leiden, aktivieren ihre Selbsthilfe in Form von Vorsätzen wie „Jetzt esse ich keine Schokolade mehr“ oder „Ich esse nur noch Vollkornbrot“. Das vorherrschende Image bestimmter Lebensmittel „gesund“ oder „ungesund“, „Dickmacher“ oder „Schlankmacher“ zu sein, wird in „Alles-oder-Nichts-Vorsätze“ gefasst.

Menschen, die versuchen, ihr eigenes Essverhalten mit solchen oder ähnlichen Vorsätzen zu kontrollieren, werden als „gezügelte Esser“ bezeichnet. Der *Fragebogen zum Eßverhalten* (Pudel & Westenhöfer, 1989) erfasst auf Skala 1, wie intensiv ein Patient bestrebt ist, sein Essverhalten kognitiv zu kontrollieren.

Ein kontrolliertes Essverhalten kann rigide, aber auch flexibel kontrolliert sein

Verhaltenspsychologische Forschung zum gezügelten Essverhalten hat in den letzten Jahren aufdecken können, dass es zwei Modalitäten des gezügelten Essverhaltens gibt. Sowohl eine rigide als auch eine flexible Kontrolle können sich im gezügelten Essverhalten verbergen. Joachim Westenhöfer (1992) hat diesen Sachverhalt in Göttingen untersucht und beschrieben.

Vorsätze nach „Alles-oder-Nichts-Gesetz“ sind rigide und programmieren die Gegenregulation

Die nach dem „Alles-oder-Nichts-Gesetz“ formulierten Vorsätze werden als rigide Verhaltenskontrollen bezeichnet. Sie sind bereits an Worten wie „immer“, „nur noch“, „ab sofort“ oder „nie mehr“ zu erkennen. Verhaltensexperimente konnten zeigen, dass rigide Kontrolle sehr schnell zusammenbricht und die Gegenregulation eintritt, wenn der rigide Vorsatz durch ein an sich eigentlich unbedeutendes Ereignis verletzt wurde. Bei „nie mehr Schokolade“ reicht der Verzehr eines einzigen Stückchens aus, um den Gedanken zu aktivieren „Jetzt ist es eigentlich auch egal!“ und dann wird – Gegenregulation – die gesamte Tafel verspeist.

In der Exploration mit adipösen Patienten kann unschwer aufgedeckt werden, wie häufig bereits versucht wurde, sich mit rigiden Verhaltensvorsätzen zu helfen, und wie wenig dauerhaft solche Vorsätze realisiert werden konnten. Das Ausmaß der Störanfälligkeit der kognitiven Kontrolle durch Gegenregulation bestimmt der *Fragebogen zum Eßverhalten* auf seiner zweiten (und dritten) Skala.

Ein wichtiges Ziel des verhaltenstherapeutischen Umgangs mit adipösen Patienten besteht darin, (1) rigide Verhaltenskontrollen abzubauen und (2) gleichermaßen flexible Verhaltenskontrollen einzuführen, was durch die Ergebnisse in Abbildung 8 belegt wird.

Die Verhaltenstherapie muss rigide Kontrolle abbauen sowie flexible Kontrolle aufbauen

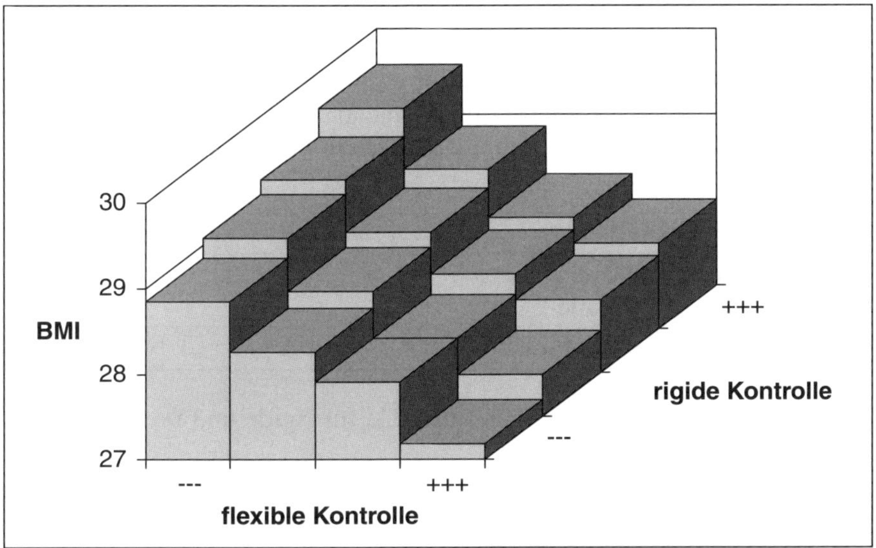

Abbildung 8:
Beziehung zwischen flexibler bzw. rigider Verhaltenskontrolle und BMI

Flexible Vorsätze sind so gefasst, dass die Wahrscheinlichkeit für den Eintritt der Gegenregulation geringer wird, und dadurch die Selbstkontrolle des Verhaltens überdauernd aktiviert bleibt.

Statt „ja“ oder „nein“, 0% oder 100%, „nie“ oder „nur noch“ und das „ab sofort“ und „immer“ beziehen sich flexible Verhaltenskontrollen auf einen überschaubaren Zeitraum (und nicht auf unbestimmte Dauer) und bieten zudem Möglichkeiten der Verhaltenskorrektur. Damit wird die Gegenregulation mit ihrem Misserfolgserleben vermieden.

Flexible Verhaltenskontrolle bietet die Möglichkeit der Verhaltenskorrektur

Statt „Ich esse nie mehr Schokolade“ sagt sich ein Patient, der täglich eine Tafel konsumiert hat: „Ich versuche, in der nächsten Woche mit sechs Tafeln auszukommen“. Statt „Ich esse nur noch Vollkornbrot“ sagt sich der Patient „Ich versuche, in der kommenden Woche 10 Scheiben Vollkornbrot zu essen“.

Flexible Verhaltenskontrolle muss mit dem Patienten trainiert werden, zumal die meisten Patienten keine spontane Bereitschaft zeigen, von rigider Kontrolle abzuweichen, die sie gerne noch mit Fremdkontrolle verstärkt haben möchten „Sie müssen mir sagen, dass ich keine Schokolade mehr essen darf!".

Patienten können über Erfahrungen mit rigider Verhaltenskontrolle berichten

Es bietet sich an, mit dem Patienten über seine Erfahrungen mit rigider Verhaltenskontrolle zu sprechen. Er wird sich erinnern, wie häufig bei ihm die Gegenregulation das Durchhalten seiner Vorsätze verhindert hat. Das schafft in der Regel eine Motivation, es auch einmal mit der flexiblen Verhaltenskontrolle zu versuchen.

Es ist sinnvoll, nur jeweils ein Ziel für eine Woche zu definieren, um den Patienten nicht zu überfordern. Eine kleine Tabelle, in der der Patient eine Strichliste führen kann, hat sich als nützlich erwiesen, um den permanenten Überblick zu erleichtern:

Mein Verhaltensziel	Bitte Strichliste führen
In der kommenden Woche esse ich sieben Riegel Schokolade	|||
Mein Verhaltensziel habe ich erreicht	❑ JA ❑ NEIN

Im folgenden Kasten sind einige Beispiele für rigide und flexible Verhaltenskontrolle angeführt:

Rigide Kontrolle	Flexible Kontrolle
Ich trinke nur noch Mineralwasser.	Ich werde in der kommenden Woche drei Flaschen Mineralwasser trinken.
Ich trinke nie mehr Bier.	Ich versuche, im Monat mit 10 Flaschen Bier auszukommen.
Ich esse jeden Tag Gemüse und Kartoffeln.	In der nächsten Woche esse ich jeweils 5 Portionen Gemüse und Kartoffeln.
Ich esse ab sofort nur noch Vollkornbrot.	Ich versuche, während der kommenden Woche 10 Scheiben Vollkornbrot zu essen.
Ich esse nie mehr Schokoladenpudding.	Im nächsten Monat esse ich dreimal Schokoladenpudding.
Ich verwende nie mehr Butter.	Ich versuche, mit einem Päckchen Butter 14 Tage auszukommen.
Ich esse jeden Tag nur noch einen Riegel Schokolade.	Ich versuche, mit sieben Riegeln Schokolade eine Woche zu leben.

Beachte: Flexible Verhaltenskontrolle definiert einen *überschaubaren Zeitraum* und setzt *konkret* eine *realistische Mengenvorgabe* fest, die *etwas (10% bis 20%) unter (oder über)* der bisher gewohnten Menge liegt.

Ziel der flexiblen Verhaltenskontrolle ist: Eine Gegenregulation möglichst auszuschalten und Erfolgserlebnisse zu vermitteln, um dadurch neues Verhalten zu stabilisieren.

Verhaltenswirksame Vorgaben müssen präsize und konkrete Ziele benennen

Allgemeine Vorgaben, wie „weniger“ oder „mehr“ dienen nicht zur Verhaltenskontrolle, da nicht definiert ist, wie viel denn „weniger“ oder „mehr“ konkret bedeuten. Der Patient kann so nicht feststellen, ob er sein Ziel erreicht hat. Für eine Verhaltensstabilisierung sind aber Erfolgserlebnisse wichtig, die nur durch konkrete Vorgaben überhaupt eintreten können.

Im Verlauf des Trainings können die Zielvorgaben nach erfolgreicher Erfüllung sukzessive gesenkt oder erhöht werden, wobei allerdings weder die 0%- noch die 100%-Option erreicht werden darf, um der Gegenregulation dauerhaft vorzubeugen.

Im Sinne der flexiblen Kontrolle sollten auch Merksätze mit dem Patienten besprochen werden:

Es ist verboten, sich ein Lebensmittel zu verbieten!
Wer hungert, macht etwas falsch!

Im Überfluss werden rigide Vorsätze zwangsläufig durch unbedeutende Überschreitungen verletzt

Die flexible Verhaltenskontrolle ist unter Überflussbedingungen eine wesentliche Voraussetzung für ein erfolgreiches Verhaltensmanagement, da die leichte Zugänglichkeit zu Lebensmitteln und die soziale Einbindung des Essverhaltens zwangsläufig die Gegenregulation herausfordern, wenn rigide Verhaltenskontrollen durch eigentlich unbedeutende Überschreitungen verletzt werden.

4.1.8.2 Bewegungsverhalten

Die gesteigerte aktive Alltagsbewegung ist für die Gewichtsstabilisierung unverzichtbar

Aktive körperliche Bewegung ist kaum eine geeignete Methode, um eine Gewichtsabnahme zu erreichen. Allerdings scheint eine dauerhafte Gewichtsstabilisierung ohne eine Steigerung der körperlichen Aktivität nahezu unerreichbar. Studien weisen darauf hin, dass weniger eine bestimmte Sportart, als vielmehr die vermehrte Alltagsaktivität einen sinnvollen Beitrag dazu leisten. Alltagsaktivität kann häufiger stattfinden und ist nicht an bestimmte Voraussetzungen gebunden.

Erfahrungen mit adipösen Patienten lassen erkennen, dass es psychologisch nicht einfach ist, ein aktives Bewegungsprogramm durchzuhalten. Immobile Menschen, die mit Bewegung oder Sport beginnen, erleben über zwei bis drei Monate hinweg eine wenig lustvolle Bilanz. Die Mobilität macht ihnen zu schaffen, sie schwitzen, kommen außer Atem, spüren Gelenkbeschwerden, sie möchten lieber aufhören. Erst nach zwei, drei Monaten wird aus der Frust- eine positive Lustbilanz. Doch kaum ein Patient hält diese vergleichsweise lange Zeit des Unbehagens aus.

Um einem vorzeitigen Ausscheiden vorzubeugen, sollten die Anregungen zu mehr körperlicher Aktivität vor allem zwei Prinzipien berücksichtigen:

Prinzipien körperlicher Aktivität
– Kleine Schritte, keine Überforderung – Soziale Einbindung der Aktivität

Die soziale Einbindung in der Gruppe erleichtert zunächst die körperliche Aktivität

An Aktivitäten bieten sich vor allem jene an, bei denen das Körpergewicht keine zusätzliche Belastung darstellt, wie beim Rad fahren oder Schwimmen. Diese Aktivitäten lassen sich gut in einer Freundesgruppe durchführen und erhalten so durch die soziale Einbindung eine wirkungsvolle Unterstützung. Bei adipösen Patienten stellt das Schwimmbad meist eine zu große Hemmschwelle dar, die leichter gemeistert werden kann, wenn eine Gruppe adipöser Menschen zusammen ins Bad geht.

Mit einem Schrittzähler läßt sich nach dem Prinzip der flexiblen Kontrolle die Aktivität steigern

Daneben ist das Gehen, insbesondere das „schnelle Gehen“ (Walking) mit beginnend 115 Schritten/Minute eine wirkungsvolle Alltagsaktivität. Der Patient sollte sich einen Schrittzähler (Sporthandel) zu legen und zunächst eine Woche lang seine gesamte Laufstrecke messen. Nach dem Prinzip der flexiblen Kontrolle kann die Laufstrecke für die kommenden Wochen um jeweils 10% hochgesetzt werden. Das kleine Gerät, dass am Gürtel getragen wird, informiert fortlaufend über die Laufstrecke und bietet so die Möglichkeit, die Laufaktivität entsprechend anzupassen, um das Ziel zu erreichen.

Daneben wird mit dem Patienten besprochen, welche Inaktivitäten in seinem Leben durch Aktivitäten ersetzt werden können. Fahrstuhlnutzung, Rolltreppen, Autofahren, Fernsehen, Computerarbeiten sollten besprochen werden, um hier nach Möglichkeiten zu suchen, mehr Aktivität „unterzubringen“.

Aktive Bewegung kann durch Muskelaufbau den Grundumsatz steigern

Patienten, die bereits an Gewicht abnehmen, sind durch dieses Erfolgserlebnis eher motiviert, in einen Fitness-Club zu gehen oder sich für eine Sportart zu interessieren. Dem Patienten sollte auch deutlich werden, dass aktive Bewegung oder Sport nicht nur im Moment der Ausübung „Kalorien verbraucht“, sondern dass es durch Training gelingen kann, mehr Muskeln aufzubauen, die zu einer Erhöhung des Grundumsatzes beitragen. Gerade dadurch wird dauerhaft eine wichtige Voraussetzung für die Gewichtsstabilisierung geschaffen.

Optimal ist eine Steigerung der körperlichen Aktivität auf einen Energieverbrauch von ca. 2.000 kcal/Woche. Das aber setzt eine kontinuierliche Aktivität von mindestens 30 Minuten mehrfach in der Woche voraus. Dabei sollte die Belastung ca. 60% unter der Maximalbelastung liegen, um den Fettabbau zu optimieren. Eine Faustformel für Patienten sagt, dass er sich bei jeder körperlichen Aktivität, wie z. B. Walking, noch entspannt mit seinem Partner unterhalten können muss. Der „hochrote Kopf" und das „angestrengte Außer-Atemsein" sind gerade *keine Anzeichen* für einen optimalen Trainingsbereich – ganz im Gegenteil.

Der Patient muss sich mit seinem Partner noch entspannt unterhalten können

Menschen, die körperlich aktiv sind und darum täglich mehr als 4.000 kcal umsetzen, haben gewöhnlich keine Gewichtsprobleme. Doch solche Menschen sind in den Überflussgesellschaften, die sich eben auch durch einen Überfluss an „Nicht-Bewegung" auszeichnen, kaum zu finden, wenn man von Leistungssportlern einmal absieht. Die Erfahrungen in der Adipositastherapie zeigen, dass es zwar schwierig ist, das Essverhalten zu modifizieren, aber sie zeigen auch, dass es noch schwieriger ist, das Bewegungsverhalten zu verändern, auch wenn dadurch eine nachhaltige Prävention des Übergewichts geschaffen wird.

4.2 Kombinationstherapie

Die gegenwärtig etablierten, wissenschaftlich gesicherten Konzepte zur Behandlung adipöser Patienten sind als Kombinationstherapie zu verstehen. Sie basieren alle auf einer umfassenden, langfristigen Verhaltens- und Bewegungstherapie und beziehen auch Medikamente oder Formula Diäten mit ein. Auch bei den interventionellen Methoden sollte eine langfristige therapeutische Nachbetreuung erfolgen.

Statt Monotherapie sollten immer mehrere Behandlungsmedthoden kombiniert werden

4.2.1 Das Optifast-Programm

Das Optifast-Programm (Anbieter Novartis) wird an ca. 40 Zentren in Deutschland angeboten. Es ist ein ambulantes, einjähriges Gruppenprogramm mit einem interdisziplinären Team aus Ärzten, Psychologen, Ernährungsfachkräften und Bewegungstherapeuten. Es finden wöchentliche Sitzungen statt. Zu Beginn wird über drei Monate eine Formula-Diät nach § 14a DiätVO[7] angewendet. Das verhaltenstherapeutische Programm zielt

Das Optifast-Programm ist eine interdisziplinäre Therapie über 12 Monate

[7] In §14a regelt die Diät-Verordnung entsprechend einer EU-Richtlinie die ernährungsphysiologische Zusammensetzung (Vitamine, Mineralstoffe, Eiweiß, Fett und Kohlenhydrate) von Diätnahrung, die zur Gewichtsreduktion angeboten wird. Der „14a" wurde in die Diätverordnung aufgenommen, nachdem in den USA durch ungünstige Diätnahrung der Marke „The last Chance" Todesfälle beobachtet wurden.

auf ein Training von fettnormalisierter, kohlenhydratliberaler Ernährung und die Einübung von flexibler Verhaltenskontrolle. Zusätzlich wird versucht, die körperliche Aktivität zu steigern. Die Kosten für das einjährige Programm liegen bei ca. € 2.500. Einige Krankenkassen übernehmen einen Teil der Kosten.

4.2.2 Online-Angebote

Möglichkeiten der Zukunft: Online-Programme für Übergewichtige

Unter *www.slimnet.de* und *www.leanandhealthy.de* werden zwei interaktive Online-Programme zum Gewichtsmanagement angeboten. Bei *www.leanandhealthy.de* findet über ein Jahr eine individualisierte Beratung des Teilnehmers über Textmodule statt. Bei *www.slimnet.de* werden Gruppenchats mit geschulten Online-Trainern, Foren und Wochenprogrammen angeboten. Initial können zur Gewichtsreduktion Produkte nach § 14a DiätVO eingesetzt werden.

4.2.3 Programme mit Medikamenten

Auch Pharmaunternehmen bieten Begleitprogramme an

Hoffmann-La Roche AG und Abbott GmbH & Co KG bieten jeweils ein Behandlungskonzept, das vornehmlich in der Arztpraxis durchgeführt werden sollte. Beide Konzepte sind umfassend angelegte Verhaltens- und Bewegungstrainings, während derer zur Unterstützung der Gewichtsabnahme auch Medikamente (Xenical® bzw. Reductil®) eingesetzt werden können.

4.2.4 Programme für Kinder

Für übergewichtige Kinder werden verschiedene Programme angeboten, wie z. B.

Adipositas-Programme für Kinder

1. *FITOC* (*F*reiburg *I*ntervention *T*rial for *O*bese *C*hildren) ist ein ambulantes Programm für übergewichtige Kinder von 8 bis 11 Jahren, evaluiert von der Abteilung für Rehabilitative und Präventive Sportmedizin an der Medizinischen Universitätsklinik Freiburg. Information unter *www.fitoc.de*
2. *Moby Dick* aus Hamburg von Dr. med. Christiane Petersen. Information unter *www.mobydickhamburg.de*
3. *PowerKids* ist ein ambulantes Trainingsprogramm für übergewichtige Kinder (8 bis 12 Jahre), entwickelt und evaluiert an den Universitäten Göttingen, München und Luton (BK). Vertrieb: AOK-Verlag, Remagen. Information unter *www.powerkids.de*

4.3 Praxisteil

Die bedarfsgerechte Ernährung wird durch den Nährstoff- und Energiebedarf des Menschen definiert. Das Essverhalten wird durch individuelle Essmotive gesteuert, die aus Bedürfnissen nach bestimmten Speisen und Lebensmitteln erwachsen. Abbildung 9 stellt dar, wie es zwischen „Ernährung" und „Essen", also „Bedarf" und „Bedürfnis" zu einer Diskrepanz kommen kann.

Ernährung reflektiert den Bedarf, Essen reflektiert die Bedürfnisse

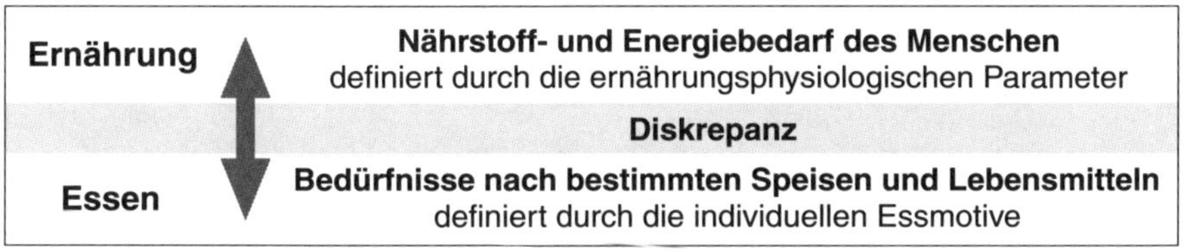

Abbildung 9:
Diskrepanz zwischen Bedarf und Bedürfnis

Tabelle 4:
Motive für die Lebensmittelwahl

– **Geschmacksanspruch** (Erdbeeren mit Schlagsahne sind höchster Genuss)	– **Angebotslage** (man isst das Mensaessen, weil es dies gerade gibt)
– **Hungergefühl** (ich habe einfach Hunger/ich muss das jetzt essen)	– **Fitnessüberlegungen** (soll gut fürs Joggen sein)
– **ökonomische Bedingungen** (das ist im Sonderangebot, das kaufe ich)	– **Schönheitsansprüche** (halte Diät, um schlank zu bleiben)
– **kulturelle Einflüsse** (morgens Brötchen mit Kaffee)	– **Verträglichkeit** (Grünkohl esse ich nicht, vertrage ich nicht)
– **traditionelle Einflüsse** (Omas Plätzchen zu Weihnachten)	– **Neugier** (mal sehen, wie das schmeckt)
– **habituelle Bedingungen** (ich esse immer eine Suppe vor der Mahlzeit)	– **Angst vor Schaden** (Rindfleisch esse ich nicht mehr, wegen BSE)
– **emotionale Wirkung** (ein Stück Kuchen in der Stresssituation)	– **pädagogische Gründe** (nach den Schularbeiten bekommst du ein Bonbon)
– **soziale Gründe** (bei Fondue lässt sich gut unterhalten)	– **Krankheitserfordernisse** (Zucker darf ich nicht essen, wegen Diabetes)
– **soziale Statusbedingung** (die Schulzes laden wir zu Hummer ein)	– **Magische Zuweisungen** (Sellerie esse ich für die Potenz)
	– **Pseudowissenschaftlich** (10 harte Eier zum Abnehmen)
manchmal auch: – **Gesundheitsüberlegungen** (soll gesund sein, also esse ich das)	

Tabelle 4 listet Motive auf, die menschliches Essverhalten häufig so erheblich beeinflussen, dass die biologische Funktion der Nahrungsaufnahme nachrangig wird.

Ziel der Verhaltenstherapie ist demnach eine Bedürfnismodifikation, um die Diskrepanz zwischen Bedarf und Bedürfnis zu verringern. Eine rationale Argumentation mit dem Ziel einer Wissensvermehrung über die Bedarfsparameter wird wenig Einfluss auf die Essbedürfnisse haben.

4.3.1 Ungünstige Kontingenzen

Der Geschmack ist ein sofort wirkender Verstärker. Die Gewichtszunahme liegt in der Zukunft.

Eine Modifikation des Essverhaltens unterliegt ungünstigen Kontingenzverhältnissen. Das unmittelbare, sofortige Erlebnis des „guten Geschmacks" kontrastiert nur langfristig mit negativen Konsequenzen des ungünstigen Essverhaltens, die somit weniger verhaltensrelevant wirken. Kognitive Informationen über negative gesundheitliche Auswirkungen des aktuellen Essverhaltens sind kaum effektiv und aktivieren, wenn überhaupt, bestenfalls Abwehrmechanismen oder Reaktanz.

Änderungen der Laborparameter werden kurzfristiger gesehen als Gewichtsabnahmen

Das Essverhalten und seine Veränderungen sollten daher in ein Token-Economy-System eingebunden werden, zumal auch die positiven Konsequenzen (Gewichtsabnahme) nicht schnell genug erlebt werden. Rascher als nachhaltige Gewichtsabnahmen sind positive Veränderungen in den Laborparametern festzustellen, die als Verstärker dem Patienten zurück gemeldet werden sollten.

Auch kann ein Belohnungssystem mit dem Patienten vereinbart werden, dass Verstärkungswirkung hat, wenn Verhaltensänderungen nach dem Prinzip der flexiblen Kontrolle erreicht werden. Symbole oder Punkte haben sich bewährt, die z. B. nach Erreichen einer bestimmten Anzahl in ein neues Kleidungsstück eingetauscht werden können. Eine Verringerung der Konfektionsgröße um eine Stufe verlangt in der Regel eine Gewichtsabnahme um ca. 7,5 kg, so dass dazu eine zu lange Zeitstrecke gebraucht wird, um für das aktuelle Verhalten eine Verstärkung zu erzielen.

4.3.2 Maßnahmen statt Ziele

Statt Ziele müssen dem Patienten Maßnahmen mitgeteilt werden, mit denen er die Ziele erreichen kann

Wichtig in der Beratung des Patienten ist, dass keine *Ziele* besprochen und vereinbart werden, sondern *Maßnahmen*, mit denen es gelingen kann, die Ziele zu erreichen. „Sie sollten mehr Ballaststoffe essen!" ist lediglich eine Zieldefinition ohne konkrete Mengenvorgabe, die dem Patienten nicht helfen wird, seinen Ballaststoffkonsum zu steigern. „Stellen Sie Ihre Brotschneidemaschine auf 13 mm" beschreibt eine Maßnahme, um den Brotverzehr (Ballaststoffe) zu steigern und den Fettkonsum zu verringern. „Sie sollten fünf Kilogramm abnehmen“, ist eine Zieldefinition. „Verwenden Sie statt Streichfett einen Cremequark und kaufen Corned Beef oder Schinken als Brotbelag“, das ist eine Maßnahme, die hilft, das Ziel der Gewichtsabnahme zu erfüllen.

4.3.3 Der Beratungsprozess in Schritten

Das Verhaltenstraining basiert auf dem wiederholten Durchlauf der drei Phasen

3 Phasen des Verhaltenstrainings
– Verhaltensbeobachtung – Verhaltensbewertung – Verhaltenskontrolle

4.3.3.1 Erster Schritt: Verhaltensdiagnose

In der Verhaltensdiagnose wird die Ausgangslage (Baseline) geklärt. Gewichts- und Diätanamnese, Energie- und Nährstoffaufnahme, Lebensmittelliste nach Fetteintrag, Lebensmittelpräferenzen und -aversionen, Ausmaß kognitiver Kontrolle und Störbarkeit des Essverhaltens sowie körperliche Aktivität sind die wesentlichen Punkte, die einen möglichst umfassenden Einblick in die Situation des Patienten geben. Sie bieten Anhaltspunkte für die weitere Planung.

Die Verhaltensdiagnose klärt die Ausgangslage

4.3.3.2 Zweiter Schritt: Zieldefinition

Die Kenntnisse aus der Verhaltensdiagnose werden aus ernährungsmedizinischer Sicht bewertet, so dass festgelegt werden kann, welche Verhaltens- und Nährstoffparameter sinnvollerweise zu verändern sind, um die gesundheitliche Situation des Patienten zu verbessern (ohne dass zunächst geprüft wird, ob der Patient dazu in der Lage sein wird).

Die Zieldefinition erfolgt aus ärztlicher Sicht

4.3.3.3 Dritter Schritt: Zielhierarchie

Dieser Schritt wird gemeinsam mit dem Patienten erörtert. Er sollte sich die in der Zieldefinition beschriebenen Veränderungen vorstellen und abschätzen, wie groß der Verhaltensaufwand für ihn sein wird, diese Änderungen zu realisieren. Aus der *subjektiven Sicht* des Patienten wird sodann eine Zielhierarchie erstellt, die im Trainingsprozess schrittweise als Ziel-

Die Zielhierarchie berücksichtigt die subjektive Sicht des Patienten

Die Maßnahmenplanung beinhaltet auch die „Misserfolgs“-Prophylaxe

vorgabe dient. Um das Prinzip der Erfolgssicherung nicht zu gefährden, wird mit dem Ziel begonnen, das dem Patienten relativ leicht fällt. Zielvorgaben mit höherem Verhaltensaufwand werden erst dann angestrebt, wenn Zielvorgaben mit geringerem Verhaltensaufwand erfolgreich bewältigt sind.

4.3.3.4 Vierter Schritt: Maßnahmenplanung

Die Maßnahmenplanung ist die eigentlich kreative verhaltenstherapeutische Aufgabe. Nach dem Prinzip der flexiblen Verhaltenskontrolle werden sukzessive im Trainingsprozess Aufgaben definiert, die eine Zielerreichung wahrscheinlich machen. Dabei wird mit dem Patienten besprochen, dass ein Verhaltenstraining einem Sporttraining vergleichbar ist. „Misserfolge“ gibt es dabei nicht, höchstens einen *Trainingsstillstand*. Es wird Aufgabe für Aufgabe trainiert, und wenn ein Trainingsziel nicht erreicht wird, dann bedeutet dies keine Rückkehr an den Ausgangspunkt, sondern nur eine Wiederholung der letzten Trainingsaufgabe. Wird eine Aufgabe erfolgreich bearbeitet, so sollte der Erfolg noch gesondert durch zuvor festgelegte Belohnungseinheiten verstärkt werden.

4.3.4 Komplikationen während der Therapie

4.3.4.1 Essen in Stresssituationen

Süßhunger tritt als Reaktion von Stress oder Langeweile auf

Überfordernder, aber auch unterfordernder Stress sind bei vielen, insbesondere weiblichen Patienten, Bedingungen, die das Verlangen nach Essen steigern. Auch Vermeidungsreaktionen, die eintreten, wenn ein Patient einc unangenehme Aufgabe zu erledigen hat, fördern häufig das Bedürfnis, etwas zu essen, statt sich mit dieser Aufgabe zu befassen.

Neben diesem eher unspezifischen Drang, etwas essen zu müssen, berichten Patienten auch von einem gezielten „Süßhunger“, der sich vornehmlich, aber nicht immer, auf Schokolade ausrichtet. Auch der Süßhunger tritt, wie Untersuchungen belegen, meist dann auf, wenn sich der Patient unwohl oder beeinträchtigt fühlt. Gegen Abend, ohne soziale Kontakte, ist die Wahrscheinlichkeit für Süß- oder Heißhunger am größten.

Eine definitive Klärung des psycho-physiologischen Hintergrundgeschehens für Heiß- und Süßhunger ist bis heute nicht gefunden worden. Zwei Hypothesen jedoch sind eher wahrscheinlich und können in der Therapie für Empfehlungen genutzt werden.

Die erste Hypothese fokussiert das Phänomen des gezügelten Essens. Patienten, die wenig essen, um ihr Gewicht zu regulieren, aktivieren permanent ihre kognitive Selbstkontrolle, um ihr Essverhalten in dem von ihnen akzeptierten Rahmen zu halten. Stress, wie Aufregung, Konflikte, Trauer, aber auch Langeweile sind geeignet, die Selbstkontrolle zu beeinträchtigen. Dadurch wird es schwieriger, gegen erlebte Hungergefühle anzusteuern, so dass das Verhalten dann der physiologischen, und nicht mehr der psychologischen Steuerung unterliegt. Die ersten „verbotenen" Bissen lösen zu dem die Gegenregulation aus, stimulieren so die Nahrungsaufnahme, aber auch Schuldgefühle, die ihrerseits den Stress verstärken und einen circulus vitiosus in Gang setzen.

Stress beeinträchtigt die Selbstkontrolle und löst die Gegenregulation aus

Die zweite Hypothese zielt mehr auf den spezifischen Süßhunger ab. Es gilt als erwiesen, dass der Verzehr von Kohlenhydraten, insbesondere Zucker als konzentriertes Kohlenhydrat, zu einer Steigerung der Serotonin-Synthese führt, da mehr Tryptophan ins Gehirn gelangt. Eiweißreiche Kost hat den gegenteiligen Effekt, da die Transportsysteme vor allem von den neutralen großen Aminosäuren blockiert werden, und damit Tryptophan kaum ins Gehirn gelangt. Kohlenhydrate dagegen stimulieren die Insulinsekretion, die ihrerseits die neutralen großen Aminosäuren an die Muskelzellen bindet, so dass die Transportmechanismen für Tryptophan frei sind.

Kohlenhydrate fördern die Serotoninsynthese im Gehirn und steigern so das Wohlbefinden

Eine gesteigerte Serotoninsynthese steigert das Wohlbefinden, sorgt für Ausgeglichenheit und Ruhe. Ähnliche Effekte sind auch für den Fettkonsum beschrieben worden, so dass erklärt wird, warum Schokolade als Kombination von Zucker und Fett oft Zielobjekt des Süßhungers ist. Die Forschungen gehen auf Richard Wurtman (vgl. Lieberman & Wurtman, 1982) zurück, der in diesem Sinne auch die Winterdepression sowie das prämenstruelle Syndrom auf zu geringen Kohlenhydratverzehr zurückführt.

Der Süßhunger wäre demnach eine gelernte Reaktion des Organismus, die darauf abzielt, die Kohlenhydrataufnahme zu steigern, um Wohlbefinden und Ausgeglichenheit zu fördern.

Vermehrter Kohlenhydratkonsum vermindert das Auftreten von Heiß- und Süßhunger

Therapeutische Konsequenzen zum Management von Heiß- und Süßhunger werden vor allem darin gesehen, eine ausreichende Versorgung mit Kohlenhydraten sicher zu stellen. Da kohlenhydratreiche Lebensmittel, wie Kartoffeln, Nudeln, insbesondere aber auch Zucker, jahrzehntelang als „Dickmacher" propagiert wurden, verzichten immer noch viele „gezügelte Esser" auf Kohlenhydrate und fördern damit Heiß- und Süßhunger. Kontraindiziert ist es, gegen Heiß- und Süßhunger mit rigider Verhaltenskontrolle „standhaft" anzugehen, da dieses Verhalten in der Gegenregulation endet.

Bewährt hat sich auch das „Joker-Prinzip". Der Patient erhält drei „Joker", eine Art „Gutschein", den er – falls er von einer Essattacke überrascht wird – anwendet, indem er dann ohne „schlechtes Gewissen" essen kann. Auf dem „Joker" wird notiert, was gegessen wurde. Das Bewusstsein, für

Essattacken können durch „Joker" entschärft werden, da sie die kognitive Beherrschung der Situation erleichtern

schwierige Situationen einen „Joker" zu haben, macht vielen Patienten die kognitive Beherrschung der Situation einfacher. Außerdem vermeidet der „Joker" bei einer Essattacke das Phänomen der Gegenregulation, so dass die sich selbst verstärkende Wirkung von Schuldgefühlen ausbleibt. Die „Joker" sollten dem Patienten als „Spiel" vorgestellt werden. Erfahrungsgemäß werden Spiele sehr ernst genommen und haben einen höheren Verbindlichkeitsgrad als Empfehlungen oder Anordnungen.

Beachte: Patienten, die an Essattacken leiden, sollten also (1) verstärkt Kohlenhydrate konsumieren, (2) mit „Jokern" ausgestattet werden und (3) sich – besonders für kommende Süßhungerattacken – fettfreie Süßigkeiten bereit legen, von denen sie aber überzeugt sein müssen, dass es „figurfreundliche" Nahrungsmittel sind.

Binge Eating Disorder basiert oft auf unzureichenden Stressbewältigungsstrategien und fokussiert sich auf Essen als Kompensation

Im Grunde gelten die hier beschriebenen Aspekte auch für Patienten, die an Binge Eating Disorder leiden. Zusätzlich muss der Therapeut jedoch klären, ob das auslösende Stress-Erleben nicht einer therapeutischen Intervention bedarf. Das Essen ist oft der Verhaltensbereich, der eine Kompensation von Stress ermöglicht, ohne dass das Essverhalten selbst primär den Konflikt darstellt. Stressbewältigungsstrategien, manchmal aber auch Selbstbehauptungstrainings, sind geeignete Interventionen, um dem „Überessen" vorzubeugen, das die Gewichtsabnahme kompliziert, obwohl primär kein eigentliches Essproblem vorliegt.

4.3.4.2 Die „Ich esse nichts und nehme nicht ab"-Situation

Ein Trainingsstillstand bei der Gewichtsabnahme wird zumeist vom Patienten problemhaft kommentiert: „Ich esse ganz wenig, aber nehme nicht mehr ab!" Oft sind die berichteten Mengen derart gering, dass es sich bei diesem Sachverhalt um eine „physikalische Unmöglichkeit" handeln muss. Völlig ungeeignet ist dennoch eine Diskussion mit dem überzeugten Patienten über „das Wunder", das er berichtet. Seine subjektive Wahrnehmung gibt ihm Gewissheit, und jeder Zweifel daran wird als Zweifel an seiner Glaubwürdigkeit empfunden.

Die Gewichtsabnahme verläuft nicht immer kontinuierlich

Diese Situation ist schwierig, zumal man weiß, dass Gewichtsabnahmen auch bei konstantem Ess- und Bewegungsverhalten nicht stetig und kontinuierlich erfolgen. Es wurden selbst unter Formula-Diät-Phasen von ein bis zwei Wochen ohne messbare Gewichtsabnahme gesehen, wonach im Anschluss an diese Periode die Gewichtsabnahme allerdings schneller voranging und so die vermeintliche Stagnation aufgeholt wurde. Es empfiehlt sich, diesen möglichen Sachverhalt mit dem Patienten zu besprechen und eine weitere Zeitstrecke von etwa zwei Wochen abzuwarten.

Andererseits kommt es auch auf den Zeitpunkt des „Gewichtsstillstandes“ an. Jede Gewichtsabnahme verläuft zu Beginn des Verhaltenstrainings rascher und flacht dann zusehends ab. Daran beteiligt sind auch Anpassungsvorgänge im Organismus („Sparmechanismen“), die nach den evolutionären Programmen das Überleben sichern wollen.

Oft ist es sinnvoll, ein Ernährungstagebuch wiederholt auszufüllen

Ein nochmaliges Ausfüllen eines Ernährungstagebuches kann hilfreich sein, wenn der Patient ehrlich und kooperativ wirklich alles notiert, was gegessen und getrunken wurde. Doch manchmal ist die subjektive Wahrnehmung eingeschränkt und die Angaben im Tagebuch sind lückenhaft. Auch ist dem Tagebuch die Rezeptur nicht zu entnehmen, mit der Gerichte zubereitet wurden. Convenience-Produkte haben einen oft nicht bekannten Fettgehalt.

Lohnend in jedem Falle ist jedoch eine detaillierte Auflistung der eingekauften und verzehrten Produkte möglichst mit Markennamen und genauer Produktbezeichnung. Für die meisten Patienten ist der Fettgehalt der Lebensmittel und Speisen schwer zu beurteilen. Die Angabe „Frischkäse“ reicht nicht aus, um einen Frischkäse mit 10% Fett i.Tr. oder 60% Fett i.Tr. zu erkennen. Zwar wissen die meisten Patienten, dass „i.Tr.“ in der Trockenmasse bedeutet, doch sie wissen nicht, dass ein Sahnequark mit 40% Fett i.Tr. absolut nur 11% Fett enthält.

Manche „gesunden“ Lebensmittel sind nicht als fettreiche Lebensmittel bekannt

Vor allem Snacks, wie Kartoffelchips oder Nüsse, können beträchtliche Mengen Fett liefern. In der Kombination mit „gesunden Speisen“, wie dem Müsli, werden Nüsse häufig nicht als Fettträger erkannt. Salat mit einem schmackhaften Olivenöldressing kann, wenn täglich verzehrt, einen erheblichen Fetteintrag ausmachen. Auch Alkohol ist ein Faktor, der das Abnehmen verlangsamt. Saure oder süße Sahne werden oft als Soßenbindung verwendet, ohne dass die Mengen bewusst registriert und im Tagebuch vermerkt werden. Häufig wird „Diät“-Margarine gekauft, ohne zu wissen, dass ihr Fettgehalt, im Vergleich zu Halbfettmargarine, nicht reduziert ist. Es empfiehlt sich, dem Patienten anzuraten, auf die Ölflasche in der Küche ein Band zu kleben, um wöchentlich „Ölstandsmarken“ anzubringen. Nur so können weitere Eintragsquellen für Nahrungsfett ausfindig gemacht werden, wenn die Gewichtsabnahme stagniert.

Die Jahresbilanz ist wichtiger als der Verzehr an einem bestimmten Tag

Es ist wichtiger, den *täglichen Fettverzehr* als *gelegentlichen Konsum* von fettreichen Produkten zu quantifizieren. Fünf Scheiben Brot, bestrichen mit jeweils 10 g Butter oder Margarine sowie belegt mit Salami oder Käse summieren sich im Jahr auf einen Fetteintrag von über 30 Kilogramm. Dagegen ist der gelegentliche Verzehr eines Stückes Sahnetorte eher zu vernachlässigen.

4.3.4.3 Die absolute Sackgasse

Manchmal nehmen ganz bestimmte Patienten nicht ab

Gelegentlich kommt es vor, dass ein Patient partout nicht abnimmt oder gar wieder zunimmt. Alle Nachforschungen sprechen dafür, dass fettarm und kohlenhydratliberal gegessen wird, kein nennenswerter Alkoholkonsum stattfindet und aktive Bewegung im Alltag vorhanden ist. Der Patient, in dem Fall meist eine Patientin, ist relativ klein und in der zweiten Lebenshälfte. Die Gewichtsanamnese zeigt Phasen der Gewichtsabnahme mit anschließender Wiederzunahme. Wird der Nüchtern-Ruhe-Umsatz gemessen, so ergeben sich Werte um 1200 bis 1300 kcal/d.

Auch Kohlenhydrate reduzieren und aktive Bewegung weiterhin steigern

Hier ist guter Rat teuer – vorausgesetzt die oben beschriebenen Angaben stimmen tatsächlich (was eher häufig bei ganz genauer Klärung von Ess- und Trinkverhalten doch nicht zutrifft). Solche Patienten haben einen so geringen Energieumsatz, dass sie ihn mit „liberalen Mengen" an Kohlenhydraten bereits decken können. Hier bieten sich nur an: Steigerung der körperlichen Aktivität, Konditionstraining mit Muskelaufbau (Grundumsatzsteigerung) und Verringerung der Kohlenhydrataufnahme durch Absetzen von zuckerhaltigen Produkten und verstärktem Verzehr von komplexen Kohlenhydraten, wie Gemüse, Reis, Brot. Möglicherweise werden dadurch aber die Nahrungsmengen so gering, dass kein ausreichendes Sättigungsgefühl erreicht wird. Gesicherte Erkenntnisse, ob in solchen (seltenen Fällen) Medikamente, Sättigungskapseln oder andere Maßnahmen helfen können, liegen zur Zeit noch nicht vor.

4.3.4.4 Der Patient kommt nicht wieder

Die Adipositastherapie leidet vor allem darunter, dass Patienten die Behandlung abbrechen. Auch die Forschung hat mit dem Drop-Out-Problem zu kämpfen, denn Adipositastherapie ist immer sehr langfristig und ihre Bewertung wird schwierig, wenn z. B. nach einem Jahr nur noch 40% oder 60% der Patienten in der Behandlung sind. Evaluationen über Jahre gar sind kaum bewertbar, wenn nur weniger als die Hälfte der Patienten erreicht werden. Es liegt nahe, davon auszugehen, dass eher Patienten, die keinen zufriedenstellenden Erfolg haben, zu Drop-Outs werden.

Zu hohe Erwartungen sind häufig der Auslöser für Misserfolgserleben

Das Drop-Out-Problem hat sehr viel mit Misserfolgsmanagement zu tun. Erfolgs- oder Misserfolgserleben bei der Gewichtsabnahme sind aber höchst subjektive Geschehen, die von den Vorstellungen, Erwartungen und Realitätsbewertungen des Patienten abhängen. Unrealistisch hohe Erwartungen an die Gewichtsabnahme in einer bestimmten Zeitspanne sind ein nachvollziehbarer Grund für einen subjektiven Misserfolg, auch wenn er objektiv als Erfolg bewertet wird.

Beispiel
Zwei Patienten nehmen jeweils fünf kg ab. Der eine hatte sich sechs kg, der andere vier kg vorgenommen. Das macht die Subjektivität der Bewertung von objektiv vergleichbaren Ereignissen durch die Zielvorstellung deutlich.

Zur nachhaltigen Misserfolgsprophylaxe zählt also primär ein realistisches Anspruchsniveau (max. 0,5 kg Abnahme/Woche) sowie die ausführliche Besprechung, dass beschleunigte und verlangsamte Phasen im Trainingsprozess eintreten werden.

- Gemeinsam sollte eine Grafik über die wahrscheinliche Abnahmekurve gezeichnet werden, die einen Schwankungsbereich veranschaulicht sowie negativ beschleunigt verläuft (siehe Vorlage: Gewicht im Anhang S. 67).
- Dem Patienten sollte deutlich werden, dass eine Waage nur das Gewicht feststellt, aber die Körperzusammensetzung nicht erkennen lässt. Ein Wasserverlust, der keine eigentliche Gewichts-(= Fett-)abnahme darstellt, kann auf einer Waage nicht identifiziert werden. Häufiges Wiegen, gar mehrmals am Tag, liefert mehr Desinformation als Information, da Tagesschwankungen auftreten, die die eigentliche Gewichtsabnahme „überdecken" können. Bei Frauen können zyklusabhängige Schwankungen (mit durchaus bis drei Kilogramm) für Verwirrung sorgen, ohne dass es sich überhaupt um eine Zunahme an Körperfett handelt. Eine Gewichtsbestimmung einmal in der Woche, z. B. sonntags nach der Toilette, ist ausreichend und verhindert, dass der Patient sein tägliches Erleben an die Ziffern seiner Waage koppelt.
- Den Begriff „Misserfolg" ersetzt der Patient durch den Begriff „Trainingsstillstand". Gerade in der Phase einer zügigen Gewichtsabnahme ist in Gesprächen immer wieder daraufhin zu weisen, dass es auch eine Stagnation geben wird, die nicht als „persönliche Schuld" gewertet, sondern als völlig normale Erscheinung bei jeder Gewichtsabnahme gesehen werden muss.
- Bei Gruppenbehandlungen hat es sich als vorteilhaft erwiesen, dass Patienten Patenschaften übernehmen, die aber nicht wechselseitig geschlossen werden dürfen. So ist jeder der Pate eines anderen, der aber wiederum für ihn selbst kein Pate sein darf. Als Spielregel wird vereinbart, dass jeder seinen Paten anrufen kann, wenn er Anlass dazu hat. Aber auch: dass der Pate anrufen *muss*, wenn „sein Partner" nicht zur Sitzung erschienen ist. Diese Patenschaften führen dazu, dass innerhalb der Behandlungsgruppe häufiger telefoniert wird. Sie sind ein nützliches Werkzeug, um die Gruppendynamik über interpersonale Beziehungen zu steigern und die Drop-Out-Quote zu senken.
- In den ersten Sitzungen (in Einzel- wie Gruppensitzungen) kann thematisiert werden, was man wohl machen werde, wenn plötzlich das Ge-

wicht nicht mehr sinkt, aber das nächste Zusammentreffen anstehen würde. Bei der guten Motivationslage gerade zum Start der Therapie wird jeder Patient sagen, dass er dann gerade erscheinen werde. Dies sollte zum Anlass genommen werden, dass jeder Patient an sich selbst einen Brief schreibt mit dem Inhalt: „Ich werde immer kommen, auch wenn ich mal keine Lust habe oder an Gewicht zugenommen habe." Dieser Brief wird dann im Bedarfsfall an den Patienten geschickt, ergänzt durch einige motivierende Worte des Therapeuten.

– Eine andere Möglichkeit besteht darin, mit dem Patienten ein Re-Call-Verfahren zu besprechen, das vorsieht, den Patienten anzurufen, wenn er einen Termin versäumt. Oft fehlt Patienten, wenn sie mit ihrem Gewichtsverlauf nicht zufrieden sind, nur der kleine Anstoß, um zur Therapie zu kommen. Ein kurzes Telefongespräch kann diesen Anstoß bieten (juristisch ohne Problem, wenn der Patient dem zuvor zugestimmt hat).

4.3.4.5 „Ohne Fett schmeckt es nicht"

Fett ist Geschmacksverstärker – doch kleine Mengen reichen dazu aus

Dieses Argument wird oft vorgebracht, wenn das Trainingsziel besprochen wird, nämlich Fett einzusparen, sich aber an Kohlenhydraten satt zu essen. In der Tat, Fett ist ein Geschmacksverstärker, denn viele Aromastoffe sind lipophil und entfalten ihre wahrnehmbare Wirkung nur in Anwesenheit von Fett. Daher muss das Thema „Fett und Geschmack" intensiv mit dem Patienten besprochen werden, um nicht gleich eine Abwehrhaltung gegen das Fettsparen aufkommen zu lassen.

In der fettnormalisierten Ernährung geht es nicht darum, den Fettgehalt der Kost zu minimieren. Essenzielle Fettsäuren sind lebensnotwendig, und auch die fettlöslichen Vitamine (A, D, E, K) brauchen einen geringen Fettanteil in der Ernährung. Es geht darum, den Fettanteil auf ca. 60 bis 70 Gramm/Tag zu beschränken. Mit diesem Fettanteil ist keine sensorische Einbuße verbunden, denn die geschmacksverstärkende Wirkung wird bereits durch geringe Fettmengen erzielt. Der „Stich Butter im Gemüse" ist ein kluger Tipp, doch 10 Stiche Butter schmecken nicht zehnmal besser.

Außerdem scheint Fett nicht grundsätzlich die geschmackliche Akzeptanz zu erhöhen, denn in Asien oder Japan wird Fett in wesentlich geringeren Mengen eingesetzt (entsprechend sind dort auch die Adipositasprävalenzen deutlich geringer).

10 Gramm Fett/Tag korrespondieren langfristig mit 5 kg Körpergewicht

Dem Patienten muss deutlich werden, dass es nicht um ein fettfreies Essen geht – was zudem „ungesund" wäre. Es geht um eine Einsparung von Nahrungsfetten, um dadurch die Gewichtsnormalisierung zu unterstützen. Nach Bilanzrechnungen ist davon auszugehen, dass jeweils 10 Gramm Fettreduktion langfristig zu einer Gewichtsstabilisierung auf einem Niveau von minus 5 Kilogramm führen.

4.3.4.6 Langfristiges Gewichtsmanagement

Nach der initialen Gewichtsabnahme beginnt die wesentliche Aufgabe der Adipositastherapie, nämlich die Stabilisierung des reduzierten Gewichts auf Dauer. Studien, die verschiedene therapeutische Elemente für ihren wirkungsvollen Einsatz bei der Stabilisierung systematisch evaluiert haben, stehen noch nicht in wünschenswertem Umfang zur Verfügung.

Die systematische Erforschung der therapeutischen Elemente für die Stabilisierung steckt in den Anfängen

Bisher haben sich jedoch folgende Maßnahmen als unterstützende Elemente erwiesen:

1. Nach Erreichen des Zielgewichts gilt die Behandlung nicht als beendet. Es wird ein längerfristiges Zeitraster für Einzel-/Gruppentermine vereinbart (z. B. einmal im Monat).
2. Contract-Management. Mit dem Patienten wird ein Vertrag geschlossen, in dem er sich verpflichtet, den Therapeuten zu kontaktieren, wenn Schwierigkeiten „beim Essen oder Trinken" sowie „mit dem Gewicht" auftreten.
3. Es wird besprochen, dass eine Gewichtszunahme im Anschluss an die Gewichtsabnahme als „völlig normales Ereignis" zu erwarten ist. Darum wird eine Schwelle (von z. B. drei Kilogramm) vereinbart. Wenn diese Schwelle überschritten werden sollte, nimmt der Patient Kontakt zum Therapeuten auf.
4. Hilfreich ist auch, wenn sich Patienten im Anschluss an die Initialbehandlung in regelmäßigen Abständen treffen, um sich gegenseitig zu unterstützen. Es sollte vereinbart werden, dass ein „Berichterstatter" aus dieser Gruppe den Therapeuten regelmäßig informiert. So kann einer häufig beobachteten Tendenz vorgebeugt werden, dass die Gruppe bei Wiederzunahme einzelner Teilnehmer ihre Gruppennorm umstellt und zur Gruppe wird, die sich gegenseitig Trost und Anteilnahme zukommen lässt.
5. Es ist durchaus sinnvoll, einen Patienten, der wieder an Gewicht zugenommen hat, nochmals das initiale Trainingsprogramm zur Gewichtsreduktion durchlaufen zu lassen. Die Inhalte des Verhaltenstrainings, das Einüben von flexibler Kontrolle, aber auch die Steigerung der Alltagsaktivität greifen sehr entscheidend in die seit Jahrzehnten habitualisierten Lebensabläufe ein, so dass ein Wiederholungstraining erst den gewünschten Erfolg bringen kann.
6. Experten definieren die Adipositas als eine chronische Krankheit, die wahrscheinlich, wie Hypertonie oder Diabetes, lebenslanger Behandlung bedarf. Mit dieser Auffassung sollte der Therapeut seinem Patien-

ten begegnen und auf die Langfristigkeit der therapeutischen Intervention hinarbeiten. In diesem Zusammenhang mag es wahrlich paradox erscheinen, dass dennoch Adipositas aus der Sicht der Krankenversicherungen keine „Krankheit“ ist und darum auch – erstattungspflichtig – nicht behandelt werden kann. So fordert die Adipositastherapie, weil es sie nicht gibt, auch eine besondere Kreativität des Therapeuten bei seiner Leistungsabrechnung.

5 Fallbeispiel

Frau Sigrid M., 43 Jahre, Mutter zweier Töchter (20, 22 Jahre, bereits ausgezogen), Studienrätin, aber seit 13 Jahren nicht mehr im Schuldienst, kommt auf Anraten ihres Hausarztes. Diagnose: Hypertonie (RR 152:98) und Adipositas (1,70 m; 96 kg; BMI = 33,2).

- *Das Erstgespräch*

Frau M. leidet erheblich unter ihrem Übergewicht, zumal sie noch bei der Geburt der ersten Tochter schlank war (68 kg). Nach dem zweiten Kind sei sie von Jahr zu Jahr übergewichtiger geworden. Sie habe vier Diäten (FdH, 2 x Trenn-Kost, Mayo-Diät) gemacht, kurzfristig auch abgenommen, dann aber um so mehr wieder zugenommen. Eigentlich esse sie wenig, denn sie achte ständig darauf, sich nicht satt zu essen, Kalorien zu sparen und keine Süßigkeiten zu naschen. Ihr Mann (Oberstudienrat) sage zwar, ihn störe ihre Figur nicht, doch das glaube sie ihm nicht, denn „schließlich hat er ja eine schlanke Frau geheiratet“.

Auf Nachfragen berichtet sie, dass sie manchmal „einen unbändigen Heißhunger auf Schokolade bekommt“, vor allem passiere dies, wenn ihr Mann nicht zu Hause sei. „Aber auch früher, als meine Töchter noch bei uns wohnten, hatte ich solche Fressattacken nicht“. Sie würde gerne wieder 68 kg wiegen, „denn damals habe ich mich wohl gefühlt“. Ihr Blutdruck sei übrigens auch immer normal gewesen, nur in den letzten paar Monaten sei er zu hoch. Das beunruhige sie schon. Sie wisse aber nicht, was sie tun müsse, denn alles, was sie bisher unternommen habe, um abzunehmen, habe letztlich zum Gegenteil geführt.

Auf ihre Bewegung angesprochen, berichtet Frau M., dass sie ihren Haushalt führe, manchmal zu Fuß einkaufen gehe, und einmal in der Woche habe sie mit Freundinnen eine Gymnastikstunde. Sie mache außerdem noch

Gartenarbeit, aber – zugegeben – „ich sitze auch gerne vor dem Fernseher oder höre mir Musik an“.

Mit Frau M. wird vereinbart, dass sie während der kommenden 7 Tage ein Ernährungstagebuch führt, um eine Übersicht zu bekommen, was (nicht wie viel) sie isst und trinkt. Außerdem will sie auch notieren, wann und wie lange sie sich bewegt.

- *Zweite Sitzung*

Die Auswertung des Tagebuchs lässt erkennen, dass Frau M. zwar relativ wenig (von der Menge her) isst, dass pro Tag jedoch im Durchschnitt ca. 90 Gramm Fett konsumiert werden (Rangreihe: Streichfett, Wurst, Käse, Nüsse, Chips). In der Woche hatte sie keine Essattacke, weil „mein Mann auch jeden Abend zu Hause war“. Der Wissenstest zur Ernährung zeigt, dass Frau M. insbesondere „zu viele Kalorien“, aber auch „Kohlenhydrate“ für eine Gewichtszunahme verantwortlich macht. Die Lebensmitteldeklaration ist ihr ebenfalls nicht sehr vertraut. Der FEV lässt erkennen, dass Frau M. eine sehr starke kognitive Kontrolle auf ihr Essverhalten ausübt, andererseits aber häufig bemerkt, wie diese Kontrolle durch situative Einflüsse gestört wird.

Mit Frau M. wird zunächst ihr Abnahmeziel besprochen. Sie zeichnet in das Diagramm die Lebenskurve ihres Gewichts ein und schätzt den weiteren zukünftigen Verlauf, der wahrscheinlich kontinuierlich ansteigt. Auf Ihr Wunschgewicht angesprochen, zeichnet sie einen klaren Strich, der schnell auf 68 kg geht. „Ja, da liegen wohl Welten zwischen“, kommentiert sie die beiden Verläufe. Sie kann sich nicht mit dem Vorschlag anfreunden, dass zunächst einmal die 90-kg-Grenze unterschritten werden sollte, um „den Trend nach oben umzukehren“. „Das würde ich nicht einmal merken, das sind nur sechs kg, nein, dass kann mich nicht motivieren.“

Mit Frau M. wird daher besprochen, in den kommenden sechs bis acht Wochen mit einer Formula-Diät (ausschließliche Ernährung) eine aktive Gewichtsabnahme herbeizuführen. Frau M. ist sich bewusst, dass diese Ernährung mit „Essen“ nichts zu tun hat. Sie dient ausschließlich der Gewichtsabnahme. Für den „Notfall“ erhält Frau M. drei Joker, falls sie einmal eine Heisshungerattacke überkommt. Der Beginn des Verhaltenstrainings wird erst danach beginnen.

Bei den wöchentlichen Terminen wird Frau M. gewogen, sie verliert pro Woche zwischen 1,8 und 2,1 kg. Sie habe keine Probleme mit den „Beuteln“, auch wenn es ihr nicht besonders gut schmecke, aber die Gewichtsabnahme sei ein toller Ausgleich dafür, der sie zufriedenstelle und motiviere, durchzuhalten. Die Joker trage sie immer bei sich, habe aber noch keinen gebraucht.

In der 10. Sitzung wiegt Frau M. genau 80 kg. Es wird vereinbart, die Formula Diät jetzt von Woche zu Woche um jeweils eine Portion zu reduzieren und diese Mahlzeiten mit „normalen“ Lebensmitteln zu ersetzen.

Als Zielgewicht bleiben 80 kg bestehen, wobei ein fallender Trend erwünscht ist. Die „normalen“ Lebensmittel werden gemeinsam besprochen, wobei Frau M. erfährt, dass sie mit kohlenhydratreichen Lebensmittel liberal umgehen könne. Für ihren Fettkonsum (z. B. Streichfett) wird die flexible Verhaltenskontrolle eingeführt, die ihr für sieben Mahlzeiten in der kommenden Woche neben der Formula Diät, maximal 70 Gramm Fett zugesteht. Frau M. wird lernen müssen, sich über den Fettgehalt von Lebensmitteln und Speisen zu informieren. Dabei können ihr Nährwerttabellen helfen.

- *11. bis 13. Sitzung*

Frau M. hat die Formula-Diät weiter reduziert. Ihr Gewicht liegt bei 78 kg. Sie hat begonnen, Streichfett gegen Cremequark auszutauschen. Sie isst zum Frühstück ein Müsli ohne Nüsse. An der Wurst- und Käsetheke fragt sie nach fettärmeren Varianten, die ihr – wie sie sagt – auch ganz gut schmecken.

- *14. Sitzung*

Frau M. bemerkt gleich zu Beginn, dass sie eigentlich nicht hätte kommen wollen, denn sie habe zugenommen. Morgens habe sie 80 kg gewogen. „Eine Katastrophe“, wie sie meint. Ein Grund sei eine Süßhungerattacke, denn sie habe zwei Tafeln Schokolade verputzt. Am Mittwoch hatte ihr Mann einen Elternabend, sie sei in der Wohnung umhergelaufen, und dann sei es einfach passiert. Nach der ersten Tafel dann seien Schuldgefühle über sie gekommen und das sei der Beginn vom Ende der zweiten Tafel gewesen.

Die Schokolade wird in die flexible Verhaltenskontrolle mit einbezogen. Frau M. versucht, jeweils eine Woche mit einer Tafel Schokolade auszukommen. Sie versteht, dass es effektiver ist, sich eine Tafel Schokolade zuzugestehen als im Stress und aus Schuldgefühlen zwei Tafeln zu verschlingen.

- *15. Sitzung*

Es gab keine Fressattacke, berichtet Frau M. Sie trainiere weiter, ihre Fettgrenze von 400 Gramm pro Woche einzuhalten. „Ich notiere mir die Fettmengen, die ich esse, damit ich immer einen Überblick habe. Das mit den Kohlenhydraten ist wunderbar. Wenn ich Hunger bekomme, esse ich Nudeln mit Tomatensoße.“

- *16. bis 20. Sitzung*

Das Gewicht pendelt um 78 kg. Frau M. ist sehr zufrieden, da sie so lange seit Jahren nicht mehr „so schlank“ war. Eine Heißhungerattacke in der 18. Woche hat sie mit „viel, sehr viel Russisch Brot“ überstanden, „denn die ABC-Kekse liegen jetzt immer bereit“. Die schmeckten ihr besser als Gummibärchen. Ihr wird geraten, sich einen Schrittzähler zu kaufen und eine Woche zu messen, wie viel Kilometer sie läuft.

- *21. Sitzung*

Frau M. hat nicht weiter abgenommen („Leider“). Ihr Schrittzähler hat für sieben Tage insgesamt 18 km „Laufleistung“ angezeigt, das sind nur 2,5 km pro Tag. Es wird vereinbart, den Schrittzähler ständig zu tragen und zu versuchen, die Wochenlaufleistung um 10% auf 20 km zu erhöhen.

- *22. bis 29. Sitzung*

Die Laufleistungen sind deutlich gestiegen. Frau M. hat trainiert, bei gutem Wetter einen Spaziergang mit Schnellgehen (Walking) zu machen. Ihre flexible Verhaltenskontrolle: mindestens dreimal in der Woche für eine Stunde Walking. Inzwischen kommt manchmal sogar ihr Mann mit, dann macht es mehr Spaß und die Laufstrecke wird meistens noch länger.

Ihr Training beim Einkauf im Supermarkt (fettarme Lebensmittel) und beim fettsparenden Zubereiten in der Küche hat Frau M. inzwischen zur Gewohnheit gemacht. Auch ihr Mann akzeptiert die „neue Auswahl“ und freut sich darüber, etwas abgenommen zu haben.

- *30. Sitzung*

Das Gewicht schwankt um 75 kg, Frau M. ist eigentlich sehr zufrieden, doch häufig „träume ich noch von meinen 68 kg“, verrät sie. Anhand der Grafik mit der Lebenszeit-Gewichtskurve erkennt Frau M. aber, wie groß ihr gegenwärtiger Erfolg bereits ist. 30 Wochen hat sie trainiert, sie isst anders, bewegt sich mehr und konnte ihr Gewicht halten. Für das kommende halbe Jahr wird darum eine Gewichtskonstanz bei 75 kg als ermutigend empfunden und als Ziel akzeptiert, wobei ein Grenzwert bei 78 kg festgesetzt wird. Falls Frau M. an die 78 kg kommen sollte, beschließt sie, sich sofort zu melden.

- *Wie ging es weiter?*

Frau M. hat sich nicht mehr gemeldet. Diese Tatsache könne als Hinweis gewertet werden, dass diese Therapie auch langfristig erfolgreich verlaufen ist. Es könnte aber auch leider der „Normalfall“ der Adipositastherapie eingetreten sein, dass Patienten nach Wiederzunahme sich nicht trauen, ihrem Therapeuten „unter die Augen“ zu treten. Trotz bester therapeutischer Beziehungen und solidem Contract-Management. Das Überzeugungswissen, am eigenen Übergewicht selbst Schuld zu sein, sitzt tief. Auch das könnte Frau M. abgehalten haben, ihren Therapeuten wieder zu kontaktieren.

6 Effektivität und Prognose

5% unter Ausgangsgewicht wird nicht von allen Patienten erreicht

Therapiestudien, die sich vollends an den Erfolgskriterien des Institutes of Medicine (IOM) orientiert haben, liegen nicht vor. Allerdings gibt es einige Therapiestudien, die die ersten beiden Kriterien berücksichtigt haben. Bei einer kritischen Würdigung muss gegenwärtig festgestellt werden, dass selbst das erste Kriterium – langfristiger Gewichtsverlust von 5% unter Ausgangsgewicht für mindestens einem Jahr – in kaum zufriedenstellendem Ausmaß selbst bei langfristiger, interdisziplinärer Behandlung erreicht wird. So gibt es für das Optifast-Programm (siehe Kap. 4.2.1) eine Nachuntersuchung drei Jahre nach Therapieende, bei der 58% der kontaktierten Patienten das Erfolgskriterium 1 erreicht hatten. Trotz intensiver Behandlung hatten 42% wieder ein Gewicht von mehr als 5% unterhalb des Ausgangsgewicht erreicht (Olschewski et al., 1997).

Es setzt sich unter Experten immer mehr die Überzeugung durch, dass Adipositastherapie – vergleichbar der Behandlung der Hypertonie oder des Diabetes mellitus Typ 2 – eine lebenslange Therapie sein sollte. Die genetische Disposition zur Fettspeicherung erfordert eine permanente Gegensteuerung bei Auswahl und Verzehr von Lebensmitteln und Speisen. Zudem muss die gesteigerte aktive Bewegung im Alltag kontinuierlich erfolgen, um eine Wiederzunahme zu vermeiden.

Selbst nach sieben Jahren Therapie noch keine Habitualisierung im Essverhalten

In einer Gruppe, die ich zusammen mit meinem Kollegen über 7 Jahre wöchentlich betreute, ist mir sehr deutlich geworden, wie schwer es für Patienten ist, eine fettnormalisierte, kohlenhydratliberale Kost als Gewohnheit zu etablieren, die ohne kognitive Kontrolle realisiert werden kann. Die immer wieder – nahezu unvermeidlichen Gewichtsanstiege – haben die Patienten dazu motiviert, erst bei zwei bis drei Kilogramm Gewichtszunahme aktiv zu intervenieren. Eine vorsorgliche Prävention zur Vermeidung auch der geringsten Wiederzunahme stellt unvergleichlich höhere, fast unzumutbare Anforderungen im alltäglichen Ess-Leben, so dass die phasenweise aktive Gewichtsabnahme nach messbarer Zunahme von zwei bis drei Kilogramm die alltagstauglichere Alternative ist.

Patienten, denen bewusst geworden ist, dass sie kontinuierlich das gelernte Verhaltensmanagement aktivieren müssen, um ihrem „genetischen Handikap“ unter Überflussbedingungen entgegenzuwirken, lernen bald, dass eine Gewichtszunahme nicht als Misserfolg zu bewerten, sondern als Trainingsstillstand aufgefasst werden kann.

Prognostische Kriterien sind nicht verfügbar, weil Prozessvariable entscheiden

Prognostische Kriterien, die beim Start des Reduktionstrainings über die langfristige Gewichtsstabilisierung auf niedrigem Niveau Auskunft geben, sind bisher trotz umfangreicher Forschung nicht gefunden worden. Es deutet alles darauf hin, dass es ganz entscheidend auf Prozessvariable ankommt, die *während* und *nach* der Gewichtsreduktion wirksam werden. So stellen die Reaktionen der Umwelt (PartnerIn, Familie, Freunde, Arbeitskollegen, etc.) insgesamt eine wichtige Quelle dar, die den Patienten motiviert bzw. demotiviert, sein Verhaltensmanagement zu aktivieren.

Adipositas wird oft unzureichend und unwirksam behandelt.

Aus medizinischer Sicht ist bereits die Vermeidung jeder weiteren Gewichtszunahme ein Erfolg. Doch dieses „Erfolgskriterium" wird von Patienten in einer Gesellschaft nicht akzeptiert, die das extreme Schlankheitsideal zur attraktiven Norm erhoben hat. Dieser Umstand mindert die Effektivität der Adipositastherapie, wenn dadurch überhöhte Zielvorstellungen den Patienten mit seinen Möglichkeiten überfordern und so Rezidive bahnen. Kaum eine Krankheit wird mit so unwirksamen und manchmal sogar kontraindizierten Mitteln und Methoden „behandelt" wie die Adipositas. Es wäre eine lohnende Aufgabe des Gesundheitssystems, hier für Aufklärung und geprüfte Empfehlungen zu sorgen. Denn die Menschen in Deutschland nehmen von Jahr zu Jahr weiter zu.

Solange Adipositas nicht als Krankheit gilt, wird keine nachhaltige Veränderung eintreten.

Nach den heute vorliegenden Erkenntnissen ist die Adipositas eine *Krankheit*, deren Behandlung nur seriös und fachkundig durchgeführt werden sollte. Solange aber die – nicht unbeträchtlichen – Behandlungskosten von den Krankenkassen nicht übernommen werden, suchen sich Patienten im undurchschaubaren Angebot der „Therapien" preiswerte oder gar billige „Lösungen", die aber meist keine Lösung des Problems, sondern eine Problemverschärfung herbeiführen.

7 Literatur

Acheson, K. J., Schutz, Y., Bessard, T., Anatharaman, K., Flatt, J. P. & Jequier, E. (1988). Glycogen storage capacity and de novo lipogenesis during massive carbohydrate overfeeding in man. *American Journal of Clinical Nutrition, 48:* 240-247.

Astrup, A., Grunwald, G.K., Melanson, E.L., Saris, W.H.M. & Hill, J.O. (2000). The role of low-fat diets in body weight control: a meta-analysis of ad libitum dietary intervention studies. *International Journal of Obesity; 24:* 1545-1552.

Bennett, W. (1995). Beyond overeating. Editorial. *New England Journal of Medicine, 332:* 673-674.

BGA (Hrsg.) (1994). Die Gesundheit der Deutschen. Ein Ost-West-Vergleich. Institut für Sozialmedizin und Epidemiologie des Bundesgesundheitsamtes, *SozEp Heft Nr. 4.*

Bolton-Smith, C. & Woodward, M. (1994). Dietary composition and fat to sugar ratios in relation to obesity. *Int. J. Obes. 18* : 820-828.

Bouchard, C., Tremblay, A. & Despres, J.-P. (1990). The response to long-term overfeeding in identical twins. *New England Journal of Medicine, 322*: 1477-1482.

Committee to Develop Criteria for Evaluating the Outcomes of Approaches to Prevent and Treat Obesity, Food an Nutrition Board, Institute of Medicine; Thomas, P. R. (ed.) (1995), *Weighing the Options – Criteria for Evaluating Weight-Management Programs.* Washington D.C.: National Academy Press.
Deutsche Gesellschaft für Ernährung (2000). *Ernährungsbericht 2000.* Frankfurt am Main: Druckerei Henrich.
Ditschuneit, H. (1989). Adipositas. In: F. Krück, W. Kaufmann, H. Bünte, E. Gladtke, R. Tölle (Hrsg.), Therapiehandbuch. München, Wien, Baltimore: Urban & Schwarzenberg.
Ellrott, T. & Ellrott, B. (2000). *Fettfalle Supermarkt.* Frankfurt am Main: Umschau-Buchverlag.
Ellrott, T. & Ellrott, B. (2001). *Fettfalle Fast-Food.* Frankfurt am Main: Umschau-Buchverlag.
Ellrott, T. & Pudel, V. (1998). *Adipositastherapie.* Aktuelle Perspektiven (2. Auflage). Stuttgart, New York: Thieme.
Hebebrand, J. & Remschmidt, H. (1995). Genetische Aspekte der Adipositas. *Adipositas, 9*: 20-24.
Herman, C.P. & Mack, D. (1975). Restrained and unrestrained eating. *Journal of Personality, 43*: 647-660.
Herman, C.P. & Polivy, J. (1988). Restraint and excess in dieters and bulimics. In: K.M. Pirke, W. Vandereycken & D. Ploog (Eds.), *The Psychobiology of Bulimia Nervosa* (33-41). Berlin: Springer.
Herman, C.P. & Polivy, J. (1990). From dietary restraint to binge eating, attaching causes to effects. *Appetite, 14*: 123-125.
Husemann, B. (1995). Zur chirurgischen Therapie der extremen Adipositas. *Langenbecks Archiv für Chirurgie, 380*: 67-69.
Keys, A., Brozek, J., Henschel, A., Mickelsen, O. & Taylor, H.L. (1950). *The Biology of Human Starvation.* Minneapolis: University of Minnesota Press.
Lieberman, H.R. & Wurtman, R.J. (Hrsg.) (1982). *Research strategies for assessing the behavioural effects of food and nutrients.* Proceedings of a conference at Massachusetts Institute of Technology. Oxford: Pergamon Press.
Logue, A. W. (1995). *Die Psychologie des Essens und Trinkens.* Heidelberg: Spektrum.
Olschewski, P., Ellrott, T., Jalkanen, J., Pudel, V., Scholten, T., Heisterkamp, F., Siebeneick, S. (1997). Langzeiterfolg eines multidisziplinären Gewichtsmanagement-Programms. *Münchener Medizinische Wochenschrift, 139*: 245-250.
Pudel, V. & Ellrott, T. (1995). Ernährungsverhalten in Deutschland. *Internist, 11:* 1032-1039.
Pudel, V. & Westenhöfer, J. (1989). *Fragebogen zum Eßverhalten (FEV).* Göttingen: Hogrefe.
Pudel, V. & Westenhöfer, J. (1997). *Ernährungspsychologie.* Eine Einführung (2. Auflage). Göttingen: Hogrefe.
Pudel, V. (2000). Adipositas. In J. Margraf (Hrsg.), *Lehrbuch der Verhaltenstherapie* (247-268). Berlin, Heidelberg: Springer.
Pudel,V. (2001). Editorial. Psychologische Ansätze in der Adipositastherapie. *Bundesgesundheitsblatt – Gesundheitsforschung – Gesundheitsschutz, 10*: 954-959.
Rössner, S. (1992). Factors determining the long term outcome of obesity treatment. In P. Björntorp & B. N. Brodoff (eds.). Obesity (712-719). Philadelphia: J.B. Lippincott Company.
Saris et al. (2000). Die Carmen Studie. *Int J Obesity, 24:* 1310-1318.
Shah, M., McGovern, P., French, S. & Baxter, J. (1994). Comparison of low fat, ad libitum complex-carbohydrate diet with a low-energy diet in moderately obese women. *American Journal of Clinical Nutrition, 59:* 980-984.

Sims, E.A.H. (1976). Experimental obesity, dietary-induced thermogenesis, and their clinical implications. *Clinics in Endocrinology and Metabolism, 5:* 377-395.

Sjöström, L., Narbo, K., Sjöstrom, D. (1995). Costs and benefits when treating obesity. *International Journal of Obesity 19 (Suppl. 6):* S9-S12

Stunkard, A.J., Harris, J.R., Pedersen, N.L. & Mc Clearn, G.E. (1990). The bodymass index of two twins who have been reared apart. *New England Journal of Medicine, 322*: 1483-1487.

Swinburn, A., Metcalf, P. & Ley, S. (2001). Long-Term (5-Year) Effects of a Reduced-Fat Diet Intervention in Individuals With Glucose Intolerance. *Diabetes Care, 24,* 4: 619-624.

Swinburn, B. & Ravussin, E. (1993). Energy balance or fat balance? *American Journal of Clinical Nutrition, 57*: 766-771.

Toubro, S. & Astrup, A. (1997). Randomised comparision of diets for maintaining obese subjects weight after major weight loss: ad lib, low fat, high carbohydrate diet versus fixed energy intake. *British Medical Journal, 314*: 29-33.

Tremblay, A., Desprès, J.-P., Maheux, J. et al. (1991). Normalization of the metabolic profile in obese women by exercise and a low fat diet. *Med Sci Sports Exerc, 23:* 1326-1331.

Tucker, L.A. & Kano, M.J. (1992). Dietary fat and body fat. A multivariate study of 205 adult females. *American Journal of Clinical Nutrition, 56*: 616-622.

Wadden, T. A. (1993). The treatment of obesity. An overview. In: A. J. Stunkard & T.A. Wadden (eds.), *Obesity.* Theory and therapy (2nd Edition). New York: Raven Press.

Westenhöfer, J. (1992). *Gezügeltes Essen und Störbarkeit des Eßverhaltens*. Göttingen: Hogrefe.

Wirth, A. (2000). *Adipositas – Epidemiologie, Ätiologie, Folgekrankheiten, Therapie* (2. Auflage). Berlin, Heidelberg, New York: Springer.

8 Anhang

Bewegungsprotokoll			
	In dieser Zeit habe/bin ich überwiegend ...		
Uhrzeit	gelegen/gesessen	gestanden	gelaufen
7.00 – 8.00	☐	☐	☐
8.00 – 9.00	☐	☐	☐
9.00 – 10.00	☐	☐	☐
10.00 – 11.00	☐	☐	☐
11.00 – 12.00	☐	☐	☐
12.00 – 13.00	☐	☐	☐
14.00 – 15.00	☐	☐	☐
15.00 – 16.00	☐	☐	☐
16.00 – 17.00	☐	☐	☐
17.00 – 18.00	☐	☐	☐
18.00 – 19.00	☐	☐	☐
19.00 – 20.00	☐	☐	☐
20.00 – 21.00	☐	☐	☐
21.00 – 22.00	☐	☐	☐
22.00 – 23.00	☐	☐	☐
23.00 – 24.00	☐	☐	☐
Tagessumme in Stunden	☐☐	☐☐	☐☐

Vorlage Gewicht

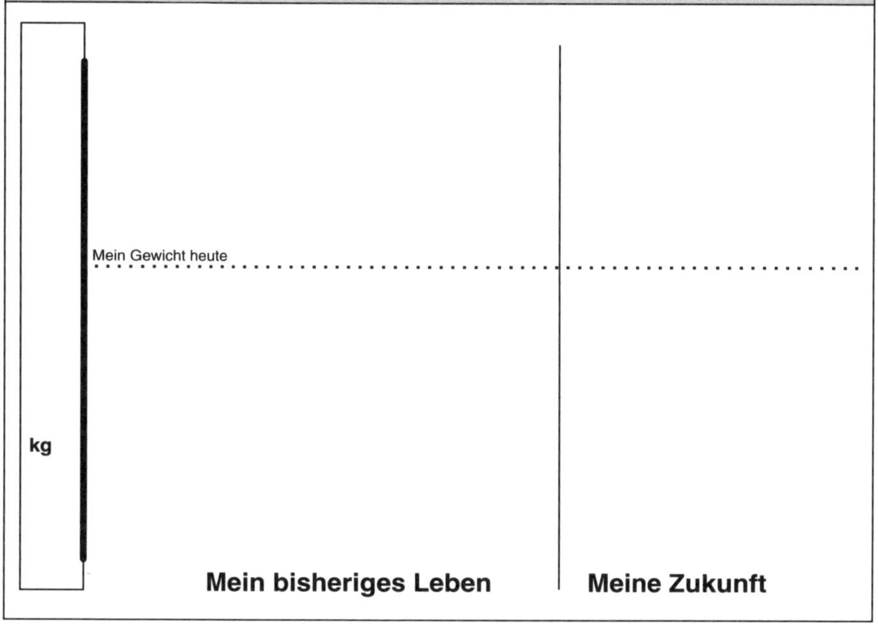

Präferenzliste

Kreuzen Sie auf dieser Liste alle Lebensmittel an, die Sie **gerne** und **häufiger** verzehren.

Graubrot	☐	Hüttenkäse	☐	Ente	☐
Weissbrot	☐	Kochkäse	☐	Gans	☐
Schwarzbrot	☐	Ei, gekocht	☐	Pute	☐
Roggenbrot	☐	Spiegelei	☐	Hähnchen	☐
Vollkornbrot	☐	Rührei	☐	Räucherfisch	☐
Pumpernickel	☐	Omelett	☐	Hering/Matjes	☐
Brötchen	☐	Schinken, roh	☐	Rotbarsch	☐
Knäckebrot	☐	Schinken, gekocht	☐	Heilbutt	☐
Zwieback	☐	Speck, fett	☐	Lachs	☐
Stutenbrot	☐	Speck, durchwachsen	☐	Karpfen	☐
Butter	☐	Bratwurst	☐	Schillerlocken	☐
Margarine	☐	Frankfurter/Wiener	☐	Ölsardinen	☐
Sonnenblumenöl	☐	Blutwurst	☐	Thunfisch	☐
Maiskeimöl	☐	Cervelatwurst	☐	Kochfisch	☐
Olivenöl	☐	Jagdwurst	☐	Bratfisch	☐
Mayonnaise	☐	Bierschinken	☐	Fischstäbchen	☐
Müsli	☐	Leberwurst	☐	Bouillion	☐
Cornflakes	☐	Geflügelwurst	☐	Suppe, gebunden	☐
Haferflocken	☐	Corned beef	☐	Eintopf	☐
Marmelade	☐	Schweine/Rinderfilet	☐	Bratensoße	☐
Honig	☐	Suppenfleisch	☐	Ketchup	☐
Nußnougatcreme	☐	Kotelett paniert	☐	Hachfleischsoße	☐
Diätmarmelade	☐	Kotelett natur	☐	Salzkartoffeln	☐
Vollmilch	☐	Schnitzel paniert	☐	Bratkartoffeln	☐
fettarme Milch	☐	Schnitzel natur	☐	Pommes frites	☐
Buttermilch	☐	Steak	☐	Kartoffelpuffer	☐
Schlagsahne	☐	Kasseler	☐	Nudeln	☐
saure Sahne	☐	Braten	☐	reis	☐
Magerquark	☐	Gulasch	☐	Pfannkuchen	☐
Sahnequark	☐	Zunge	☐	Pizza	☐
Naturjoghurt	☐	Bauchfleisch	☐	Hülsenfrüchte	☐
Fruchtjoghurt	☐	Haxe/Eisbein	☐	Gemüse	☐
Magerjoghurt	☐	Mett	☐	Salat	☐
Frischkäse	☐	Tartar	☐	Erbsen	☐
Schmelzkäse	☐	Frikadelle	☐	Möhren	☐
Camembert	☐	Leber	☐	Kohl	☐
Brie-Käse	☐	Herz	☐	Fleischsalat	☐
Schnittkäse	☐	Niere	☐	Öl-Essig-Soße	☐
Harzer-Roller	☐	Wild	☐	Mayonnaisensoße	☐
Saure-Sahne-Soße	☐	Diätkekse	☐	Diätgetränke	☐
Obst	☐	Bonbons	☐	Mineralwasser	☐
Kompott	☐	Schokolade	☐	Gemüsesaft	☐
Diätkompott	☐	Schokoriegel	☐	Fruchtschorle	☐
Eiscreme	☐	Pralinen	☐	Fruchtnektar	☐
Pudding	☐	Marzipan	☐	Fruchtsaftgetränk	☐

Diätpudding	☐	Nüsse	☐	Bier	☐
Obstkuchen	☐	salzige Knabberei	☐	Wein, Sekt	☐
Trockenkuchen	☐	Kaffee, Tee	☐	Spirituosen	☐
Sahne-,Cremetorte	☐	Dosenmilch	☐	Cocktails	☐
Hefeteilchen	☐	Kaffeesahne	☐	Südwein	☐
Blätterteiggebäck	☐	Kakao	☐	**Notieren Sie hier, was Sie überhaupt nicht mögen:**	
Mürbeteiggebäck	☐	Fruchtsaft	☐		
Bisquit	☐	Zucker	☐		
Diätkuchen	☐	Fruchtzucker	☐		
Kekse	☐	Limonade, Cola	☐		

Wissenstest
Mindestens eine Antwort ist richtig.
1. Ein Edamer enthält nach Aufschrift 40% Fett i. Tr. Wie viel Gramm Fett sind in 100 Gramm dieses Edamers? ☐ ca. 80 g Fett ☐ ca. 60 g Fett ☐ ca. 40 g Fett ☐ ca. 20 g Fett
2. Welchem der folgenden Getränke ist am wenigsten Zucker zugesetzt? ☐ Fruchtsaftgetränk ☐ Limonade ☐ Fruchtsaft ☐ Fruchtnektar
3. Was müsste man essen, um schnell an Gewicht zuzunehmen? ☐ Kohlenhydrate ☐ Zucker ☐ Fett ☐ Eiweiß
4. Welche der folgenden Aussagen ist richtig? ☐ Kohlenhydrate haben mehr Kalorien als Fett ☐ Fett hat mehr Kalorien als Zucker ☐ Eiweiß hat mehr Kalorien als Alkohol ☐ Alkohol hat weniger Kalorien als Kohlenhydrate
5. Vitamine sind besondere Stoffe, die ☐ der Organismus nicht selbst erzeugen kann ☐ die besonders in Zitrusfrüchten enthalten sind ☐ die als Tabletten eingenommen werden müssen ☐ keine Kalorien liefern
6. Wie viel Gramm Fett werden in Deutschland pro Kopf und Tag verzehrt? ☐ 60 Gramm ☐ 80 Gramm ☐ 120 Gramm ☐ 180 Gramm
7. Übergewichtige Menschen essen ... ☐ zu viel Fett ☐ zu viel Kohlenhydrate ☐ zu wenig Eiweiß ☐ zu wenig Kohlenhydrate

8. Kohlenhydrate sind vor allem ... ☐ in Fleisch und Wurst ☐ in Gemüse ☐ im Zucker ☐ in alkoholischen Getränken
9. Fett ist besonders in ☐ Nudeln ☐ Nüssen ☐ Schokolade ☐ Kartoffeln
10. Eiweiß ist vor allem ... ☐ in Magerquark ☐ in Südfrüchten ☐ im Müsli ☐ in Fleisch

Lösungsschlüssel:
1 (4); 2 (3); 3 (3); 4 (2); 5 (1, 4); 6 (3); 7 (1, 4); 8 (2,3); 9 (2, 3); 10 (1, 4)

Food-Frequency-List						
Lebensmittelverzehr	**1 mehr-mals am Tag**	**2 ca. 1 x am Tag**	**3 jeden 2. bis 3. Tag**	**4 ca. 1-2 x pro Woche**	**5 ca. 4 x im Monat**	**6 noch selte-ner**
Graubrot						
Vollkornbrot						
Weißbrot/Brötchen						
Knäckebrot						
Kuchen, Kekse						
Müsli						
Marmelade, Honig						
Quark, Joghurt						
Käseaufschnitt						
Wurstaufschnitt						
Schinken						
Eier						
Fisch						
Schweinefleisch						
Rindfleisch						
Leber, Niere						
Geflügel						
Brat-, Brühwurst						
Hülsenfrüchte						
Gemüse						
Rohkost						
frische Salate						
Mayonnaise, Ketchup						
Kartoffeln						
Pommes frites						
Bratkartoffeln						
Nudeln, Reis						
Getreide, Körner						
Klöße, Nudeln						
Pizza						
Hamburger						
Suppe						
Eintopf						
Orangen						
Äpfel, Birnen						
anderes Obst						
Pudding, Kompott						
Eiscreme						
Süßigkeiten						
Nüsse						
Milch, Joghurt						
Kakao, Milchmischgetränke						
Fruchtsaft natur						
Nektar, Säfte						
Cola, Limonade						
Bier, Wein, Sekt						
Spirituosen						
Mineralwasser						

Food-Frequency-List – ideale Verzehrfrequenz*						
Lebensmittelverzehr	**1 mehrmals am Tag**	**2 ca. 1 x am Tag**	**3 jeden 2. bis 3. Tag**	**4 ca. 1-2 x pro Woche**	**5 ca. 4 x im Monat**	**6 noch seltener**
Graubrot						
Vollkornbrot						
Weißbrot/Brötchen						
Knäckebrot						
Kuchen, Kekse						
Müsli						
Marmelade, Honig						
Quark, Joghurt						
Käseaufschnitt						
Wurstaufschnitt						
Schinken						
Eier						
Fisch						
Schweinefleisch						
Rindfleisch						
Leber, Niere						
Geflügel						
Brat-, Brühwurst						
Hülsenfrüchte						
Gemüse						
Rohkost						
frische Salate						
Mayonnaise, Ketchup						
Kartoffeln						
Pommes frites						
Bratkartoffeln						
Nudeln, Reis						
Getreide, Körner						
Klöße, Nudeln						
Pizza						
Hamburger						
Suppe						
Eintopf						
Orangen						
Äpfel, Birnen						
anderes Obst						
Pudding, Kompott						
Eiscreme						
Süßigkeiten						
Nüsse						
Milch, Joghurt						
Kakao, Milchmischgetränke						
Fruchtsaft natur						
Nektar, Säfte						
Cola, Limonade						
Bier, Wein, Sekt						
Spirituosen						
Mineralwasser						

* Der dunkel schraffierte Bereich bezeichnet eine Verzehrfrequenz, die von Experten als sehr günstig, der hell schraffierte Bereich bezeichnet eine Verzehrfrequenz, die von Experten als noch günstig eingestuft wurde.

Bewertungsziffern für die Food-Frequency-List (Methode: Expertenurteil)						
Lebensmittelverzehr	**1 mehrmals am Tag**	**2 ca. 1 x am Tag**	**3 jeden 2. bis 3. Tag**	**4 ca. 1-2 x pro Woche**	**5 ca. 4 x im Monat**	**6 noch seltener**
Graubrot	3	3	4	3	2	1
Vollkornbrot	4	3	2	1	1	1
Weißbrot/Brötchen	1	1	1	2	3	4
Knäckebrot	1	2	3	4	4	3
Kuchen/Kekse	1	1	1	1	3	4
Müsli	3	4	3	2	1	1
Marmelade/Honig	1	1	2	3	3	4
Quark/Joghurt	4	3	2	1	1	1
Käseaufschnitt	4	4	3	2	2	1
Wurstaufschnitt	1	2	3	4	4	4
Schinken	1	2	3	4	4	4
Eier	1	1	1	2	3	4
Fisch	3	4	4	3	2	1
Schweinefleisch	1	1	2	3	4	3
Rindfleisch	1	1	2	3	4	3
Leber/Niere	1	1	1	2	3	4
Geflügel	1	1	2	3	4	4
Brat- /Brühwurst	1	1	1	2	3	4
Hülsenfrüchte	1	1	2	3	4	3
Gemüse	4	4	3	2	1	1
Rohkost	4	4	3	2	1	1
frische Salate	4	4	3	2	1	1
Majo/Ketchup	1	1	1	2	3	4
Kartoffeln	4	4	3	2	1	1
Pommes frites	1	1	1	2	3	4
Bratkartoffeln	1	1	1	2	3	4
Nudeln, Reis	2	2	3	4	3	1
Getreide/Körner	2	3	4	3	1	1
Klöße/Knödel	1	1	2	3	4	4
Pizza	1	1	2	3	4	4
Hamburger	1	1	2	3	4	3
Suppe	1	2	3	4	3	3
Eintopf	1	1	2	3	4	3
Orangen	4	4	3	2	1	1
Äpfel/Birnen	4	4	3	2	1	1
anderes Obst	4	4	3	2	1	1
Pudding/Kompott	1	1	2	3	4	4
Eiscreme	1	1	2	3	4	4
Süßigkeiten	1	1	1	2	3	4
Nüsse	1	1	2	3	4	3
Milch/Joghurt	4	3	2	1	1	1
Kakao/Mischgetr.	3	4	3	2	1	1
Fruchtsaft natur	4	4	3	2	1	1
Nektar/Säfte	1	1	1	2	3	4
Cola/Limonade	1	1	1	2	3	4
Bier/Wein/Sekt	1	1	2	3	4	4
Spirituosen	1	1	2	3	4	4
Mineralwasser	4	4	3	2	1	1

Bewertungsziffern für die Verzehrfrequenz der einzelnen Lebensmittel: Ziffer 4 = günstige Verzehrfrequenz; Ziffer 1 = ungünstige Verzehrfrequenz. Maximaler Summenwert = 192; minimaler Summenwert = 48.

Motivationsfragen			
Ich möchte abnehmen, weil ...			
1.	... ich gesünder leben will.	☐ ja	☐ nein
2.	... ich mir besser gefallen will.	☐ ja	☐ nein
3.	... ich mich schicker anziehen will.	☐ ja	☐ nein
4.	... mein/e Partner/in sich das wünscht.	☐ ja	☐ nein
5.	... mein Arzt das fordert.	☐ ja	☐ nein
6.	... ich unglücklich bin.	☐ ja	☐ nein
7.	... ich körperliche Beschwerden habe.	☐ ja	☐ nein
8.	... ich mich wohler fühlen möchte.	☐ ja	☐ nein
9.	... meine Freunde/innen dies von mir erwarten.	☐ ja	☐ nein
10.	... ich zu unbeweglich bin.	☐ ja	☐ nein
11.	... ich mich so nicht leiden kann.	☐ ja	☐ nein
12.	Aber warum, das weiß ich selbst nicht so genau.	☐ ja	☐ nein

Bestellung des Fragebogens zum Eßverhalten (FEV)

Der Fragebogen zum Eßverhalten (FEV) prüft auf drei Subskalen bedeutsame Dimensionen des menschlichen Essverhaltens: (1) Kognitive Kontrolle des Essverhaltens, gezügeltes Essen, (2) Störbarkeit des Essverhaltens und (3) Erlebte Hungergefühle. Die kognitive Kontrolle des Essverhaltens bzw. das gezügelte Essen hat sich in den letzten Jahren einerseits zunehmend als entscheidender Bedingungsfaktor für die Entstehung und Aufrechterhaltung von Essstörungen herausgestellt und gilt andererseits als angestrebtes Wunschziel der Adipositastherapie. Entscheidende Bedeutung kommt hierbei der Störbarkeit des Essverhaltens durch emotionale oder situative Auslöser zu.

✂ - ✂

Bestellcoupon bitte kopieren und faxen an:

Testzentrale Göttingen
Robert-Bosch-Breite 25

D – 37079 Göttingen

Tel.: (0551) 5 06 88-0/-14/-15
Fax: (0551) 5 06 88-24
E-mail: testzentrale@hogrefe.de

Hiermit bestelle ich verbindlich

___	Expl.	FEV komplett (bestehend aus Handanweisung, 10 Fragebogen, 2 Schablonen)	€ 44,–
___	Expl.	Handanweisung	€ 28,90
___	Expl.	50 Fragebogen	€ 17,50
___	Expl.	2 Schablonen	€ 14,–

________________ ____________________________

Datum Unterschrift

Meine Adresse:

____

____

____

____

Ernährungstagebuch*

- Füllen Sie das Ernährungstagebuch über eine Woche aus. Immer wenn Sie etwas essen oder trinken, machen Sie je Portion einen Strich in das Feld „Strichliste". Diese Strichliste führen Sie die ganze Woche weiter.
- Nach sieben Tagen zählen Sie Ihre Striche zusammen und schreiben das Ergebnis in das Feld „Summe".
- Dann berechnen Sie Zeile für Zeile die „Fettaugen". Einfach die Anzahl der Striche (= Summen-Feld) mit der Ziffer, die im folgenden Feld angegeben ist, malnehmen.
- Zählen Sie dann alle Ihre Fettaugen zusammen. Das Gesamtergebnis teilen Sie durch sieben (Tage) und Sie wissen dann, wieviel Fettaugen Sie im Durchschnitt pro Tag essen.

		Diese Spalten erst am Ende der 7 Tage ausfüllen		
Lebensmittel	**Strichliste**	**Summe**		**Fett-augen**
Getränke (warm und kalt)				
Früchtetee, Kräutertee (1 Tasse)			x 0	
Schwarzer Tee (1 Tasse)			x 0	
Kaffee, Caro-Kaffee (1 Tasse)			x 0	
Zucker (Stück, Teelöffel)			x 0	
Kaffee-Milch (für 1 Tasse)			x 0	
Vollmilch (1 Glas)			x 2	
Fettarme Milch (1 Glas)			x 1	
Buttermilch, Kefir (1 Glas)			x 1	
Kakao (1 Glas)			x 1	
Bananenmilch, Milchmix (1 Glas)			x 1	
Mineralwasser (1 Glas)			x 0	
Gemüsesaft (1 Glas)			x 0	
O-, A-, Multi-, Fruchtsaft (1 Glas)			x 0	
Fruchtsaft-Schorle, leichte Nektare (1 Glas)			x 0	
Limo, Cola, Eistee (1 Glas)			x 0	
Leichte Limo, Cola-Light (1 Glas)			x 0	
Bier (1 Glas)			x 3	
Malzbier (1 Glas)			x 0	
alkoholfreies Bier (1Glas)			x 0	
Sekt/Wein (1 Glas)			x 2	
Schnaps (1 Glas)			x 2	
Jogurt, Quark & Co.				
Naturjogurt (1 Becher)			x 2	
Fruchtjogurt, Dickmilch (1 Becher)			x 2	

		Diese Spalten erst am Ende der 7 Tage ausfüllen		
Lebensmittel	**Strichliste**	**Summe**		**Fettaugen**
Fruchtquark, z. B. Obstgarten (1 Becher)			x 2	
Fruchtzwerg (1 Becher)			x 1	
Pudding, z. B. Dany (1 Becher)			x 2	
Milchreis, z. B. Müller's (1 Becher)			x 1	
Cornflakes, Müsli & Co.				
Cornflakes (1 Portion)			x 0	
Frosties, Smacks & Co. (1 Portion)			x 0	
Früchtemüsli (1 Portion)			x 1	
Knuspermüsli (1 Portion)			x 3	
Schokomüsli (1 Portion)			x 2	
Müsliriegel (1 Stück)			x 2	
Brot & Brötchen				
helles Brötchen (1/2 Stück)			x 0	
Mehrkorn-, Vollkornbrötchen (1/2 Stück)			x 0	
Weißbrot, Toast (1 Scheibe)			x 0	
Vollkornbrot (1 Scheibe)			x 0	
Graubrot (1 Scheibe)			x 0	
Zwieback, Reisbrot, Knäckebrot (1 Stück)			x 0	
Croissant (1 Stück)			x 4	
Brezel (1 Stück)			x 0	
Süßes Brötchen (1 Stück)			x 1	
Brotaufstrich				
Butter (1 Portion)			x 2	
Margarine (1 Portion)			x 2	
Marmelade (1 Portion)			x 0	
Honig (1 Portion)			x 0	
Nutella (1 Portion)			x 2	
Erdnussbutter (1 Portion)			x 3	
normaler Käse (1 Scheibe)			x 3	
leichter Käse (1 Scheibe)			x 2	
Frischkäse (1 Portion)			x 5	
Leichter Frischkäse (1 Portion)			x 2	
Schmelzkäse (1 Portion)			x 2	
Camembert (1 Portion)			x 4	
Magerquark (1 Portion)			x 0	
Speisequark, Hüttenkäse (1 Portion)			x 1	

		Diese Spalten erst am Ende der 7 Tage ausfüllen		
Lebensmittel	**Strichliste**	**Summe**		**Fett-augen**
Salami & Co. (1 Scheibe)			x 4	
Schinken gekocht (1 Scheibe)			x 1	
Schinken, roh (1 Scheibe)			x 2	
Leberwurst, Teewurst & Co. (1 Portion)			x 4	
Geflügel in Aspik (1 Scheibe)			x 1	
Mortadella (1 Scheibe)			x 3	
Schinkenwurst (1 Scheibe)			x 2	
Fleischwurst (1 Scheibe)			x 3	
Gelbwurst (1 Scheibe)			x 4	
Fleischsalat (1 Portion)			x 4	
Mett, Gehacktes (1 Portion)			x 4	
Hering in Soße, Fischkonserve & Co. (½ Dose)			x 5	
Obst				
Banane (1 Stück)			x 0	
Apfel, Birne, Orange (1 Stück)			x 0	
Mandarine (1 Stück)			x 0	
Pfirsich, Nektarine (1 Stück)			x 0	
Beeren (1 Portion)			x 0	
Weintrauben (1 Portion)			x 0	
Trockenobst (1 Portion)			x 0	
Kiwi (1 Stück)			x 0	
Suppen, Aufläufe, Bratlinge				
klare Suppe (1 Portion)			x 1	
Spargelcreme-, Tomatensuppe (1 Portion)			x 2	
Eintopf (1 Portion)			x 2	
Gemüsesuppe (1 Portion)			x 2	
Leberknödelsuppe (1 Portion)			x 3	
Nudelsuppe (1 Portion)			x 1	
Auflauf (1 Portion)			x 5	
Getreide-, Gemüsebratling (1 Stück)			x 3	
Fleisch & Fisch, Eier & Würstchen				
Ei (1 Stück)			x 2	
Rührei, Spiegelei (1 Stück)			x 3	
Paniertes Schnitzel (1 Stück)			x 6	
Steak oder Schnitzel, nicht paniert (1 Stück)			x 2	
Braten, Roulade (1 Portion)			x 4	

		Diese Spalten erst am Ende der 7 Tage ausfüllen		
Lebensmittel	**Strichliste**	**Summe**		**Fett-augen**
Gulasch, Geschnetzeltes (1 Portion)			x 4	
Bratwurst, Currywurst (1 Stück)			x 14	
Bockwurst (1 Stück)			x 9	
Wiener Würstchen (1 Stück)			x 3	
Frikadelle, Hackbraten (1 Stück)			x 7	
½ Hähnchen			x 4	
Puten-, Hähnchenschnitzel (1 Stück)			x 3	
Fleischwurst (1 Stück)			x 10	
Leberkäse (1 Scheibe)			x 11	
paniertes Fischfilet (1 Stück)			x 5	
Fischstäbchen (1 Stück)			x 1	
Fischfilet, gekocht, mit Soße (1 Portion)			x 2	
Beilagen & Salate, Nudeln & Soßen				
Pfannkuchen (1 Stück)			x 3	
Kartoffel (1 Stück)			x 0	
Kartoffelpüree (1 Portion)			x 1	
Bratkartoffeln, Kartoffelgratin (1 Portion)			x 4	
Kloß, Knödel (1 Stück)			x 0	
Kartoffelpuffer (1 Stück)			x 2	
Pommes, Kroketten (1 Portion)			x 3	
gekochter Reis (1 Portion)			x 0	
gekochte Nudeln, (Beilage) (1 Portion)			x 0	
Spaghetti, Nudeln (Hauptspeise) (1 Portion)			x 0	
Hackfleischsoße (1 Portion)			x 4	
Sahnesoße (1 Portion)			x 7	
Tomatensoße (1 Portion)			x 2	
Gemüse, zubereitet (1 Portion)			x 2	
Salat, Rohkost, ohne alles (1 Portion)			x 0	
Salat mit Soße (1 Portion)			x 3	
Kartoffel-, Nudelsalat (1 Portion)			x 7	
Milchreis, Grießbrei (1 Portion)			x 2	
Kuchen, Nachtisch				
Obstkuchen (1 Stück)			x 2	
Blätterteig-, Hefeteilchen (1 Stück)			x 3	
Sahnetorte (1 Stück)			x 8	
Rührkuchen, Stollen (1 Stück)			x 4	

		Diese Spalten erst am Ende der 7 Tage ausfüllen		
Lebensmittel	**Strichliste**	**Summe**		**Fett-augen**
Wassereis (1 Stück)			x 0	
Tüten-, Milcheis (1 Stück)			x 5	
Eiscreme (1 Portion)			x 5	
Schlagsahne, pro Kuchen, Eis (1 Portion)			x 3	
Pudding, Milchreis (1 Portion)			x 2	
Rote Grütze, Wackelpudding (1 Portion)			x 0	
Vanillesoße (1 Portion)			x 1	
Apfelmus (1 Portion)			x 0	
frischer Obstsalat (1 Portion)			x 0	
Süßes & Knabbereien				
Bonbon (1 Stück)			x 0	
Fruchtgummi, Lakritze (1 Portion)			x 0	
Schokolade (1 Riegel)			x 2	
Snickers, Mars, Twix & Co. (1 Riegel)			x 5	
Milky Way (1 Riegel)			x 2	
Hanuta, Knoppers, Duplo (1 Riegel)			x 2	
Ferrero Rocher, Küsschen etc. (1 Stück)			x 1	
Schokonüsse (1 Portion)			x 3	
Milchschnitte, Pingui, Nesquik & Co. (1 Riegel)			x 3	
Kekse, Lebkuchen, Spekulatius (1 Stück)			x 1	
Popcorn (1 Portion)			x 1	
Chips (1 Portion)			x 3	
Flips (1 Portion)			x 3	
Erdnüsse, andere Nüsse (1 Portion)			x 8	
Salzstangen (1 Portion)			x 1	
Fast Food & warme Snacks				
½ Pizza			x 6	
Hamburger, Cheeseburger (1 Stück)			x 4	
Big Mac, Royal TS (1 Stück)			x 9	
6 Hähnchen-Nuggets			x 4	
Döner Kebab (1 Stück)			x 6	
Pommes frites (1 Portion)			x 5	
Ketchup (1 Portion)			x 0	
Mayo (1 Portion)			x 4	
			Summe	
			Durchschnitt pro Tag (= Summe : 7)	

Ergänzungsliste			
Wenn Sie Ihr verzehrtes Lebensmittel im ersten Teil nicht finden können, schauen Sie bitte in dieser Austauschliste nach, welches Lebensmittel als Ersatz dafür angestrichen wird. Wenn Ihr Lebensmittel auch hier nicht dabei ist, dann wählen Sie sich ein Lebensmittel aus, das nach Ihrer Meinung ziemlich ähnlich ist. **Wichtig:** Besser ein ähnliches Lebensmittel anstreichen als keine Striche machen!			
Ananas	Apfel	Knusperbrot (Leicht & Cross o. ä...)	Knäckebrot
Apfelstrudel	Obstkuchen	Kohl, alle Sorten	Gemüse, zubereitet
Baguette, Fladenbrot	Weißbrot	Kotelett	Schnitzel
Berliner	Hefeteilchen	Kräcker	Flips
Bierschinken	Mortadella	Kräuterquark	leichter Frischkäse
Biskuitrolle	Sahnetorte	Lasagne	Nudeln & Hackfleischsoße
Blumenkohl	Gemüse, zubereitet	Melone	Apfel, Orange
Brokkoli	Gemüse, zubereitet	Milchcreme (Milky Way o. ä...)	Nutella
Cappuccino mit Geschmack	Kaffee & Milch	Milchpudding (Monte etc.)	Fruchtquark
Vanille, Schoko etc. (Beutel)	Zucker & Milch	Mohrenkopf	Kekse
Cervelatwurst	Salami & Co.	Muscheln, Schalentiere	Fischfilet, gekocht
Corned Beef	Schinken, gekocht	Nudelauflauf	Auflauf
Dampfnudeln	Blätterteig-, Hefeteilchen	Nüsse, Sonnenblumen-, Kürbiskerne	Erdnüsse
Edamer	normaler Käse	Parmesankäse	leichter Käse
Eiersalat	Fleischsalat	Pflaumen	Apfel
Emmentaler	normaler Käse	Pflaumenmus	Marmelade
Ente	Hähnchen	Pizzabaguette	Pizza
Feige, Dattel	Trockenobst	Plätzchen	Kekse
Frikassee	Gulasch	Pumpernickel	Vollkornbrot
Fruchtbuttermilch	Milchmix	Ravioli, Tortellini, ohne Soße	Nudeln
Gans	Hähnchen	Rosinen	Trockenobst
Geflügelsalat	Fleischsalat	Royal TS	Big Mac

Gemüseauflauf	Auflauf	Sauerkraut	Gemüse, zubereitet
Gemüse-, Zwiebelkuchen, Quiche	Auflauf	Schimmelkäse	Camembert
Getreideauflauf	Auflauf	Schlemmerfilet	paniertes Fischfilet
Gewürzgurken, Mixed Pickles u.Ä.	Rohkost	Schokozwieback	Kekse
Gouda	normaler Käse	Smarties, m&m's, ohne Nüsse	Schokolade
Grillwurst	Bratwurst	Sorbet	Wassereis
Haferflocken, Getreideflocken	Früchtemüsli	Spätzle	Nudeln
Hammel	Braten	Spinat	Gemüse, zubereitet
Harzer Käse, Handkäse etc.	Magerquark	Tilsiter	normaler Käse
Heringsalat	Fischkonserve	Trinkjogurt	Fruchtjogurt
Heringsdip, Sahnehering	Fischkonserve	Waffeln	Rührkuchen
Kartoffelsalat mit Essig & Öl	Salat mit Soße	Waldorfsalat, Farmersalat u.Ä	Fleischsalat
Kasseler	Braten	Wein, alle Sorten	Sekt
Kaugummi	Bonbon	Weißwurst	Wiener Würstchen
Kirschen, Portion	Apfel		